7つの感情

知るだけでラクになる

玉井 仁
Tamai Hitoshi

公益財団法人
モラロジー道徳教育財団

はじめに

この本を手に取っていただき、ありがとうございます。

きっと、この本から感情に関する課題解決のためのヒントを見つけようと思われているのではないかと想像します。

課題と言っても、仕事を進めるうえでの対人関係や業務の進め方であったり、プライベートでは夫婦間や親子間のぶつかり合いなど、さまざまでしょう。

そこに必ずついてまわるのが、怒り、不安、恐怖、罪悪感などのマイナス感情ですね。

これらの感情は、時に私たちを振り回し、大事な課題に取り組むエネルギーを消耗させ、精神的な窮地に追い込んでいきます。しかも、これらの感情から逃れようとすればするほど私たちの心に居座り、それらの感情に乗っ取られてしまいます。

つまり、感情を調整できるようになるために、現代の多くの人にとって知識と調整能力をもつことは、必須となっています。

分かっているようで分かっていないもの、それが感情です。

この本では、怒り、不安、恐怖、悲しみ、抑うつ、寂しさ、罪悪感の七つの感情を取り上げました。皆さんも、これらの感情に振り回され、苦しんだ経験があるのではないでしょうか。

感情はあなたを傷つけるために現れるのではなく、むしろ、あなたを守るために現れてくれていると言われたらどうでしょう？

例えば、怒りは「自分を大切に守るアラーム」、不安は「未来への備えを促すアラーム」、恐怖は「危険への対処を促すアラーム」です。一見あなたを振り回し、苦しめるかのように見える感情は、あなたを守るために存在しているとも言えるのです。

「ネガティブな感情は、実はあなたの味方だった！」というわけです。

しかし、大切な使命と力をもって登場してくれているこれらの感情も、対処の仕方によっては、それこそ心を乗っ取り、人生を破壊する方向に向いてしまいます。つまり、感情が生じたときに、どのように取り扱うかが非常に大事になってきます。単なる理解に留まらず、実際にどうしてよいのか分からない感情との付き合い方を知り、繰り返し取り組むことで、その変化を体験できるようになるのです。

この本は、働いている人、子育てをしている人、悩みにぶつかっている人、自分の感情を理解することで今の状態を改善したいと思っている人などに読んでもらいたいと思い、書きました。

できるだけ心理学、臨床心理学など学術的な見解を踏まえ、役立つ情報を分かりやすくお伝えしたいと考えています。

私は、臨床心理士（国家資格ができたあとは第一期公認心理師）として、長く心理カウンセリングに携わり、家族関係や仕事・人生で悩む多くの人たちと出会い、一緒に問題解決に取り組んできました。

どのようなときにどのような感情が出るのか、そしてどのように対処していくのか。それは人により、千差万別です。だからこそ、私たち一人ひとりが自分の感情を見つめ、うまく付き合えるようになることが大切なのです。

本書では、感情を正しく理解し、感情が強く現れてきたときにどのように考え対処できるとよいのかを示しています。そして、その対処法を身につけるイメージをもってもらうことなど、感情を味方にしていくステップを示していきます。

良き対人関係を築き、家族や友人との絆を強め、仕事により能力を発揮し、自他を尊重し合える幸せな時間を手に入れる一助になれば幸いです。

令和五年一月の佳き日に

玉井　仁

もくじ

第1章 怒り 自分を大切に守るアラーム

第2章　不安　未来への備えを促すアラーム

第3章 恐怖 危険への対処を促すアラーム

第4章 悲しみ 大切なものとのつながりを確かめるアラーム

第5章　抑うつ　心のエネルギー不足を知らせるアラーム

第6章 寂しさ　絶対的な欠如を知らせるアラーム

第7章 罪悪感　思いやり・過剰な自己責任のアラーム

エピローグ　7つの感情を味方に　セルフ・コンパッション

※本書で紹介している事例は、複数の事例を合わせるなどして作成したもので特定の個人を指すものではありません。

プロローグ

あなたを振り回す
〝感情たち〟

状況を教えてくれるアラーム

感情には、怒りや喜び、不安や悲しみなどさまざまなものがあります。

みなさんの中には、特定の感情を「ポジティブ感情」として、ほかの感情を「ネガティブ感情」と捉えている人もいるでしょう。


デカルト（一五九六～一六五〇）というフランスの哲学者は、愛、憎しみ、願望、喜び、悲しみ、賞賛を一次感情とし、ほかの感情はここから派生したものであると言いました。

その後、心理学でもさまざまな研究が進んでおり、八から十程度の基本感情があるとされています。

特に、**恐怖、怒り、喜び、嫌悪、関心（期待）、驚きといった六つの感情は、多くの研究でも基本感情として共通しているものです。**

それらの基本感情が混ざり、感情の強さもその都度さまざまに変わり、たくさんの複雑な感情が現れてくるのです。

本書では、囚《とら》われやすくなるネガティブな七つの感情について説明していきたいと思います。

実は、**私たちは生まれた瞬間から感情をもっているわけではありません。**生まれてから少しずつ感情を身につけていきます。

ウィリアム・ブリッジス（一九三三〜二〇一三）という米国の心理学者は、人は生後二歳ごろまでに十一の感情を身につけると言っています。

具体的に言うと、赤ちゃんは、最初に快・不快という感情を身につけていきます。おなかが減ればそれを空腹だと認識をしないままに不快さを訴えて泣き、排便をすればそれを気持ち悪いと自覚しないままに泣き、周囲に違和感を訴えます。

赤ちゃんは、生後しばらくは脳の神経系が急成長の途上で、世界を認識する理性はまだ獲得していません。お母さんの多くは、赤ちゃんが泣くと、その表現から何を求めているのかを感じ取り、お世話をしているのです。

そしてお母さんと赤ちゃんは、そのやり取りを何百回、何千回も繰り返します。

しだいに赤ちゃんは、この世界を「違和感がすぐ取り除かれて、なかなか心地が良いな。

この世界はいいところだな」と喜びを感じたり、「あまり気持ちが良くない世界だな」などと期待をしないようになっていくのです。このようにして、少しずつ新しい感情を獲得していきます。

この獲得されていった感情は、自分が置かれた状況や状態を教えてくれる、心の中に備えつけられた〝大切なアラーム〟とも言えるでしょう。

そして残念ながら、人は成長するにしたがい、いつも楽しくポジティブな気持ちでいられるのは難しいということを知ります。

みなさんも、自分の感情をきちんとコントロールしたい、感情的にならないようにしたい、暗い気持ちになりすぎないようにしたい、と思っているのではないでしょうか。

そしてネガティブな感情をポジティブにしたいと思いつつも、その感情への対処が難しいこともひしひしと感じておられることでしょう。

そこで、本書ではまず感情に対して理解を深めることから始め、自分の感情との付き合い方を理解することで、対処力を向上させる一歩としたいと思います。

思い込みが邪魔をする

みなさんは、感情をどのようなものだと考えているでしょうか。
あまり詳しく考えた人はいないかもしれません。まず感情そのものに対する捉《とら》え方について考えてみましょう。

アラームとして機能するはずの感情ですが、人は成長する過程で、感情を身につけていくとともに、理性も身につけていきます。

そして理性によって、感情に対する意味や、感情を感じる理由を見出していきます。

つまり、「これは悪い感情」「この感情を感じるということは、私が弱いということだ」などと、感情に対するレッテルを貼っていくのです。

そのようなレッテルや感情に対する思い込みは、過去の体験とつながっていることが多く、その状況を理解するために必死に獲得してきたものとも言えます。

Aさんは、母親から「あなたが怒るのはあなたが悪い子だからです」と言われ続け、怒りという感情を体験するたびに、「私は悪い子なんだ」と思い続けました。その感情を感じるのが妥当で、アラームとして適切に機能しているときも、いつしか自分を抑え込まないといけないと考えてしまっていました。

そして、その感情を感じないようにするあまり、アラームは本当に小さな音になり、ほとんど聞こえなくなるまでに抑え込まれてしまったのです。

Bさんは、「悲しみを感じるのは弱いからだ」とおっしゃいました。

話をじっくりと聴いていくと、たくさんの悲しい体験を乗り越えてきたことが伝わってきました。

悲しみを感じることは、過去の悲しい体験に引き戻され、その苦しい世界に再び囚われてしまうのではないか。そうなってしまうと、今まで頑張ってきた自分が足元から崩れてしまうのではないか。そんな苦しみは絶対に避けたい……。

過去のことだと割り切って頑張ってきたからこそ、そのような強い思いを「悲しみを感じること」に対して抱いていることが分かりました。

このように、私たちは成長過程での体験を通して、感情に対する「意味」や「理由」を構築していくのです。ただ、その意味や理由がネガティブな思い込みとなってしまうと、感情自体が本来もつアラームの機能を停止させてしまうことにもなるのです。

どうしたらよいのか分からない

感情はアラームですから、人は感情を感じたあとに何らかの選択をします。

特定の感情を感じたくない、感じることは良くないことだと思っている人は、その感情を抑え込もうとします。

先ほど、母親の影響で怒りという感情を感じないようにしていたAさんの話に触れました。

Aさんは心の中で違和感を覚えながらも、怒りが湧《わ》きあがりそうになると、「私が自分勝手だからいけないんだ。きちんとガマンできないといけないのに」と、自分に強く言い聞かせていました。

それでも、やはり日々の生活の中で思い通りにならないことはあります。

特に、自分が頑張ったことが、思い通りの結果にならなかったとき、怒りを完全には抑え込みきれず、そんな自分を「未熟でダメな存在だ」と感じていたのです。

しかし、怒りを感じるのは自然なことです。

Aさんは、勝ち目のない戦いに挑んでいるようなものだったのです。

悲しみは弱い者が感じるものと思い込んできたBさんは、悲しみとは付き合わないように独特な対処をしていました。

Bさんは、「悲しみを一切感じることはない」と、断言していたのです。

実はBさんは、悲しみではなく、怒りのコントロールのためにカウンセリングに来ていました。カウンセリングを通して、自分の気持ちを観察していく中で、「悲しみを感じ始めた瞬間、その感情を感じる前に怒りに変えている」ことに気づいていったのです。

悲しみなんて感じていられない、悲しみはパワーにならない。しかし、怒りはパワーになる。その怒りのパワーで、勉強も仕事も頑張ってきていたことが分かったのです。

感情が強くなればなるほど、感情のアラームが大きく鳴っていることになります。

そしてアラームが鳴ると、人はホイッスルが吹かれ、命令に従うかのように条件づけられて行動していることが多いのです。

感情が生じたときには、ただそれを受け止め、その感情が教えてくれる状況に合った行動ができるとよいのです。

そうすると、その感情は自然に変化していくのですが、その**感情がネガティブで強いものであればあるほど、心の中に出てきた嫌な感情を見ないようにする、あるいは過剰反応するなど、対処方法はパターン化し、固定しがちなのです。**

激しすぎる行動はさまざまな問題を引き起こしますが、感じている感情を見ないで済まそうというパターンも問題を生じさせます。

そのパターンは、感情を認める、認めたうえで何とかやり過ごす、といった対処ではありません。実際に感じている感情をないものにする、つまり、あるものをないものとしようとする無茶な対応が問題を継続させていくのです。

過去の体験の影響

もう一つ、今の感情には過去の体験が影響していることも知っておいていただきたいと思います。

たった今、私たちが感じている感情は、現在の状況によって引き起こされていると思っていませんか？

私たちが感じる強い感情、特に現在体験したことに見合わないような極端に強い感情、または極端に弱い感情は、過去の体験の影響を受けていることがよくあります。

実際に、過去のこととはまったく関係のない別の課題の解決のために心理カウンセリングに来ていた人が、取り組みを深める中で、封印してきた過去を整理していく作業に進み、予想もしていなかった世界の広がりを見出すことも少なくありません。

心深くにある箱に入れてふたをしてきた過去の感情は、現在に影響を及ぼします。

感情が心の中に生じたあとに、感情が伝えてきたメッセージを受け止められると、感情

は役割を終え、消えていきます。

過去に受け止められなかったつらい体験があると、それ以後にさまざまな体験を経ていろいろな見方や行動の選択肢などを身につけてきたとしても、それらをうまく使いこなすことができなくなる場合があります。強い感情の場合には、理性の働きが弱くなり、選択肢がなくてどうしようもないように感じ、対処に失敗してしまうのです。

このような状態は、過去の体験によって、アラームが鳴ったあとに対処する行動が固定化していることを意味します。

だからこそ、感情によって自分の中に何が起こっているのかを理解し、成長の過程で身につけてきた物事の捉え方をうまく活用してアラームを調整し、その後の行動を選び取る力を見直していく必要があるのです。

過去の体験によってパターン化されてしまっている感情と対処を見直し、新しい体験に導いていきましょう。

心の中に育つプラスとマイナスの芽

さて、感情は心の中で働いてくれるアラームで、そのアラームが適切に働かなくなることがあるとお伝えしました。

子供の話に戻りますが、乳幼児は感情の調整道具、つまり物事の捉え方、思考力や、行動を選び取る力などを使いこなすことができません。心は、子供が小さければ小さいほど無防備なままと言えるのです。

そして、少しずつ母親などの他者との関係の中で、いろいろなものを見て、聞いて、考えて、話して、ショックなことからも気持ちを回復させていくのです。それらの経験を積み重ねていく中で、感情を調整する力をつけていくのです。

私は長年多くの人たちとお会いしてきた中で、人の心にはポジティブな部分とネガティブな部分の両方が自然に備わっているのだと考えるようになりました。

ネガティブとは言っても、実は悪いものではないと思っています。

私たちは光と影というと、光がポジティブで影がネガティブと考えがちです。

しかし、日なたにいると干上がってしまう砂漠の国に育った人は、逆の考えをもつかもしれません。

つまり、ポジティブ・ネガティブ、それをもともとあるプラスの種・マイナスの種というように分ける人もいますが、その分け方自体が、私たちの都合にすぎないのです。磁石のN極とS極のようなものと考えてもよいでしょう。それらはお互いに助け合い、補い合う力でもあり、一方だけでは存在しないのです。

心のプラスの種にだけ栄養を与え、大きく育てる人と、心のマイナスの種にだけ栄養を与え、大きく育てる人がいます。

心のプラスの種を大きく育てた人は、温かく優しい人のように感じられるかもしれません。心のマイナスの種を大きく育てた人は、強い意志に突き動かされるように物事に挑む人に感じられるかもしれません。

私たちの心は、どちらの芽も必要としているのです。

ただ、マイナスの芽ばかりが大きくなり、プラスの芽が小さいままの人は、その感情の激しさを包んでくれるクッションのような部分がなく、苦しみがより大きく感じられるでしょう。

心を支配する感情たち

ここからは、この本で取り上げていく感情たちを簡単に紹介しておきましょう。

ネガティブな感情として、マイナスの芽に絡んで大きくなってしまった者たちです。

彼ら、つまりネガティブな感情からすると、「マイナスなんて嫌なレッテルを貼られてしまった」と思っているかもしれません。

ただ、ネガティブな感情が強くなり、それに心を乗っ取られてしまったときには、本来それらの感情が伝えてくれていたアラームが聞こえなくなっているのです。

1　怒り

最初に紹介するのは、「怒り」です。

彼（彼女）は、本来はなかなかいいやつです。この本では、「怒り」をオオカミの絵で表現してみました。

何かにチャレンジするときに、ビビってしまう気持ちを抑え、奮い立たせてくれます。嫌なことがあったとき、それを「イヤッ」と思ってその状況を変えようと頑張る後押しもしてくれます。「分かってほしい」と強く主張することができるのも、その力を借りているのです。

ただ、彼（彼女、以下は彼とだけ表記します）はとても力が強く、時にその力があり余って壊したくないものにまで向いてしまうことがあります。

彼の存在はとても大切なのですが、彼に心を乗っ取られてしまうとしばしば困ったことが起こります。過剰防衛になって仕事や大切な人との関係を壊してしまったり、分かってくれないと早合点して暴れてしまったり、果てには怒りが出ることを極端に怖れて自己否定的になってしまったりするのです。

2 不安

「不安」は、未来を予測する力で、私たちをサポートしてくれます。小鹿の絵で表現しています。

何か起こりそうだ、準備しておこう、そんなときに彼は登場し、その準備を促してくれます。

未来を予測する力は、人に強力に働きかけます。

「怒り」のように破壊的には見えず、静かそうに見えなくもないのですが、実はかなりパワフルです。理想を追求しすぎると現実が見えなくなり、完ぺきな準備をやめられなくなるなど、行動に強く影響を与えているのです。

そして、どうしてよいのか混乱してしまったり、何をしてもダメかもしれないと、投げやりになってしまうことは彼のもっている弱点です。それ故に、彼に心を乗っ取られてしまうと、未来がうまくいかないという思い込みで居ても立っても居られなくなってしまうのです。

3 恐怖

「恐怖」は、前述の「不安」と似ているところがあります。ネズミで表現しています。

ただ、「不安」のように未来ではなく、**現在の状況における危険を探知する力をもっているのです。**

恐怖は危機探知能力、言い換えるとリスクへの気づきとも言えます。これは大切な力です。

彼が登場すると、危機を打破すべく立ち向かっていくか、その危機を避けるために離れるか、いずれかの対処のために力強く行動を促してくれます。

彼が出てこないと危険を顧みずに進んでしまうので、怪我や事故を起こしやすくなります。

ただ、彼が現実の状況に合わないのに、つまり危険がそれほどないのに登場し続けるようになってしまうと、過敏になりすぎて外に出られなくなってしまうかもしれません。

4 悲しみ

「悲しみ」は、コントロールができない不快な事態が続いたときに登場します。

彼はなかなか複雑なところをもっています。自分やほかの人が、避けたいけれど避けられない状況に直面していてどうしようもない、真正面からしっかりと受け止めることが難しいときに登場します。

彼は、ある意味で人から力を奪います。人から力を取り上げることで、自然な流れに身を任せることを促そうとします。「悲しい」という言葉は、「愛《かな》しい」という字が当てられることがあるように、「悲しみ」によって力が奪われた人がいると、何かできるわけではなくても、一緒にいようとする人を呼びよせます。

つまり悲しみは、人を無力にすることで人を呼び寄せる力を発揮するのです。

ただ、彼の登場は無力感につながるため、彼の存在に耐えられないと考えすぎたり、もしくは一緒に耐えてくれる人がいないと、自然な変化を維持できずに、気持ちがもっと落ちていくだけになってしまうかもしれません。

5 抑うつ

「抑うつ」は、疲れや「悲しみ」などの果てに、喜びといったポジティブな感情が感じられなくなると、登場してきます。

彼の登場は、心のエネルギーが減ってきていることを教えてくれます。車のガソリン残量計の目盛りが下がったとき、赤いランプが灯るようなものとも言えるでしょう。

彼は、「悲しみ」と似ていますが、人が活発に動くことにストップをかけます。

エネルギー不足のときに頑張ってしまうと、エネルギーの補充が間に合わなくなってしまいます。そして、エネルギーが枯渇してしまうと、再び動き出せるようになるまでに、相当な時間がかかるのです。

働いている人たちの中には、朝起きたら身体が動かせなくなってしまった、というほど働きすぎてしまう人もいます。ブレーキが利かずに衝突して、何とか止まることができたというような状態です。

彼の発するアラームを聞けないと、そのあとが大変です。

ただ、彼の存在はとても重苦しくて、耐えがたく感じられます。

それゆえ、彼が出てくると、「私はもう終わりだ」というような破局的な考え方に囚われてしまうことがあるので、感情と思考の悪循環には注意が必要です。

6 寂しさ

「寂しさ」は、孤独を好み、孤独の気配を感じると出てきます。
つまり、何かが欠けているとき、特に必要とする他者がいないときに登場する感情です。

しばしば、ほかの感情が生じるきっかけとして機能することもあります。

例えば、「寂しさ」→「怒り」と感情がつながっていき、何とかしようと他者と連絡を取るなどの行動に移る人もいます。言い換えると彼は、**人とのつながりを大切にすることを教えてくれている**とも言えます。


もう一つ、実はあまり知られていませんが、彼は大切な力をもっています。彼は人の成長にも大きく関わっているのです。

例えば、親離れ子離れという場面があります。

小さい子供が母親から離れていく過程で、彼は子供と親の両方の心の中に登場します。子供が育ち巣立っていくときに、彼は親の心の中に現れます。親が彼の存在に耐えられないと、子供に見捨てられる、という気持ちになってしまい、子供の独立を押し止めてしまいます。親が彼の登場に耐えて、子供を見守ることができるようになっていく過程で、子供も彼（寂しさ）に耐えて歩むことができるようになっていくのです。

つまり、彼は人と人をつないでくれる感情なのですが、それぞれ一人ひとりの個の力を大切に育むことも教えてくれるのです。

7 罪悪感

「罪悪感」は、物事が思い通りに進まなかったあと（「恥ずかしい」という感情のあと）にしばしば登場します。

「恥ずかしい」は、失敗とつながる感情ですが、「罪悪感」はその失敗を「私のせいだ」と考えることで生み出されるのです。

罪悪感などもつ必要がない、と思う人もいるでしょう。

しかし、反対に考えてみると、うまくいかなかったときに、いつもすべて人のせいにするとなると、どうでしょう。自分の胸に聞いてごらん、とまでは言わなくても、少しは自分で内省する力は欲しいところです。

そう、彼は**内省する力を私たちに届けてくれているのです。**

この力もほかの感情がもつ力と同様に、バランスが大切です。彼が「自分が悪いと思え、反省しろ」と心の中で強く暴れ、心を乗っ取ってしまうと、自分が負わなくてもよい責任まで負ってしまうことになります。喧嘩両成敗という言葉もあるように、適切なバランスを取ることが必要になるのです。

ここでは、七つの感情を選んで概略を紹介してきました。彼らは、大切な使命と力をもって人の心に登場してくれています。

彼らの力が発揮されているとき、私たちは彼らの存在をアラームとして認識し、その力が導いてくれるように対処を進めていけるのです。

「寂しさ」の項で述べたように、実際には一つの感情から次の感情へとバトンタッチされることもあり、対処は複雑になっていきます。

「寂しさ」→「怒り」となった場合でも、人とのつながりを求める力になることもあれば、孤独の中で自分を確かめる力になることもあります。それは、人によってまったく異なっているため、正解というものはありません。

感情たちのことをよく知ることにより、自分の心が乗っ取られやすい感情について理解し、対処の選択肢を広げていくことができるのです。

次の頁からは、これまで紹介してきた感情たちの一つ一つと向き合い、その対処の仕方についてお話ししたいと思います。

第１章

怒り

自分を大切に守るアラーム

エネルギーをもたらすプラスの側面

怒りという感情に悩まされる人は少なくありません。

私自身、かつては怒りに悩まされ、その対処を学び実践してきており、かなりのエキスパートになりました。私の相談室にも、同じように悩み、援助を求めてくる方が多くいらっしゃいます。

確かに、怒りは破壊的、暴力的な形で表現されることが多く、人との関係を壊したり、自分の社会的な立場を危うくしたりすることもあります。ですから、怒りとうまく付き合うことは、人生を歩んでいくうえで、とても大切なスキルなのです。

怒りという感情自体は、何かに取り組むときに奮い立たせてくれたり、嫌なことに対して対処しようとする力を与えてくれるというプラスの側面ももっています。

怒りが適切な力として機能するとき、車を動かすエンジンのような推進力になってくれます。

実際に、この本を手に取って読んでくださっているみなさんは、怒りという感情をどのようなものだと感じているでしょうか？


「よし、エネルギーが湧いてきたぞ、頑張るぞ」

「やっかいで嫌なことがあるぞ」

などとその方向もさまざまです。


「怒りをコントロールできないのはダメな証拠だ」と、感情を制御しようとする人もいます。

「怒りが強くならないように抑えないといけない」と、抑えつけようとする人もいます。

「怒りは相手が嫌なことをしたということだから、私は悪くない」と、怒りの表現を正当化する人もいます。


正当化が極端になっている場合、怒りを感じていること自体を認めず、「怒っているの？」と聞いても「怒っていない、相手がおかしい」と怒鳴り返す人もいます。

「怒りが出ると、人との関係が悪くなる」と、怒りを表現することを恐れる人もいます。

怒りを表現した人に対して、「そんなことで怒るなんて子供っぽい」と考える人もいます。

「怒りは外に吐き出さないと消えない」と、怒りを表現し続けるしかないと思い込む人もいます。

このように、怒りは自分や他者の心の中、または態度として現れてきますが、その捉え方はさまざまです。

しかし、それらの捉え方を固定化してしまうと、怒りと付き合うのがますます難しくなり、柔軟な対応ができず、ワンパターンの対応で済ませてしまい、結果的に自分を追い込むことになってしまいます。

怒りとそのときどきの自分の状態や捉え方を客観的に理解する姿勢は大切です。

「私」は「私」という境界線

そんな悩ましい「怒り」ですが、基本的に**怒りは私たちが大切にしているものや考えが傷つけられたり、奪われたと感じるときに心の中に現れます。**

そして、大切にする思いが大きければ大きいほど、それが台無しにされたと感じたときには、より強い怒りとなって現れるのです。つまり怒りは、私たちが大切にしているものを守ろうとしてくれているのです。

怒りは、自他の境界線としても機能します。私は私、人は人、という線のことです。人は、生まれたときから「私」というものをもっているわけではありません。

赤ちゃんは、親など近くにいる他者と分かり合えること、つまり線引きなく共感されることを土台に成長を始めます。成長するに従い、自分とほかの人が違うことを認識していきます。しだいに自分の好みが必ずしも人とは同じではないこと、自分が大切にしたいことや考え方をほかの人は同じように考えていなかったり、関心を示さないことがたくさんあることに気づいていきます。それは、「私」ができ、価値観がつくられる中で自然なことです。

「怒りは悪い」は正しくない

親は、子供に対してしつけの一環として、「こういうことを大切にしなさい」と教え込もうとします。しつけは、子供が大きくなったときに、生きやすく過ごすための基本的知識となるものですから、良いしつけを身につけることは有益です。

ただ、**「怒りは悪い感情だ」「怒りを出すな」と教え込まれてしまうと、子供は「怒りを感じることは悪いこと」と思い込むようになってしまいます。それは、自然に浮かんでくる怒りに対しても、怒りを感じる自分自身に対しても自己否定感を強めてしまいます。**

怒りを表現する子供に対して、「怒りは不適切だから無視する」という態度を取る人もいます。実は、その無視するという態度自体に怒りが含まれていますから、言葉と行動に矛盾があり、子供は混乱してしまいます。そしてその場合、自分の怒りに対する違和感を強めていくのです。

このように、混乱する経験を繰り返しながらも、子供は親など養育者との関係を大切に感じ続けるため、心の中に自然に登場してくる怒りに対して違和感が強くなっていくのです。違和感、すなわちそれは「分からない」という混乱した感覚、そして後述する「恐怖」などの感情につながることも多いものです。

怒りとは、確かに厄介に感じることの多い感情です。しかし、それを養育者に受け止めてもらう中で、それ自体が自然に変化していく体験を重ねることにより、調整する力を身につけていくのです。

しかし、そのような学習ができなかった子供は、「言っても無駄」と思い、自分の想いを伝えることをしなくなります。または、「大きな声で怒鳴ったり暴れる形で振り向かせる」などといった方法で、社会的には不適切であったとしても、自分の感情を強引にでも受け止めさせようとする態度を取ることになります。

前者の「言っても無駄」と諦めている人は、人間関係を求めながらも期待しなくなるかもしれません。後者の暴れてしまう人は、結果として受け止めてもらえず、否定されて終わることが多いでしょう。

乳児期から始まっている感情を調整する学習は、子供のころの体験にとどまらず、大人になってからも続きます。大人になって新しく怒りとの関係を再構築していく人も少なくないのです。

分かり合いたい欲求として

怒りを振りまく人が周囲にいると、緊張したり不快さを感じて離れたくなる人が多いでしょう。人に嫌われないために、怒りを出さないように我慢する人も多いでしょう。

しかし、相手に合わせているだけでは人との関係は深まりません。

相手に怒りをぶつけてしまうだけでは問題となりますが、違和感を適切に伝え、考え方や大切なものが互いに異なることを知っていくことで、人間関係は深まります。

怒りを抑え続けていると、怒りが心に現れたときに適切に表現するスキルも身につきません。大人になって理不尽な場面に直面し、怒りを感じたとしても、怒りのコントロールをしながらうまく表現することができなくなってしまうのです。

本当は相手に「分かってほしい」という期待であったはずが、「分かってもらえることはない」「分かって当然なのに、分かってくれない相手が悪い」などという考えとして定着していきます。

結果として、人とうまくやっていきたいと思いながらそれが叶わず、人と距離を置いたり、人を威嚇しながら生きる方法しか知らない人になってしまうのです。

《プラスの面》

・何かに取り組むときに奮い立たせてくれる
・大切にしているものを守ろうとしてくれる
・自分と人との境界線として働いてくれる

《マイナスの面》

・暴れたりして、人との関係を壊してしまう
・威嚇したり、人との距離を必要以上に取ってしまう
・自分を攻撃して、自己否定をしてしまう

本当は、**怒りは人と分かり合いたい、自分のことを分かってほしいといった欲求の現れであり、自分が大切にしたいものを教えてくれる感情でもあるのです。**

怒りという感情と付き合っていく中で、極端に抑えすぎてしまったり、逆に極端に出しすぎてしまうことがあります。人は、失敗や試行錯誤を重ねながら、よりうまく怒りと付き合えるようになっていくのです。この学びは生きているかぎり続くのですが、怒りとの関係を深めながら人との関係も深まっていくのです。

あなたはどのタイプ？

みなさんは心に怒りを感じたあと、どのような行動をとることが多いでしょうか？その場の空気に合わせて適度に我慢しながらも、相手に伝えることができて、相手もそのことに理解を示してくれるのであれば、安全な関係が築けていると言えるでしょう。

・怒りを抑えすぎるタイプ

怒りをストレートに表現するのは未熟なことと考え、抑えすぎることが日常になってしまうと、自分の考えていることを相手に理解してもらえません。相手はそれに気づかず、互いに問題ないと思っていたとしても、心を開き合える関係にまで深まっていかないものです。

・自分の中の怒りを感じないタイプ

怒りを強く抑え込むあまり、自分の心に怒りが現れていることにまったく気が付かなくなる、つまり怒りを感じなくなってしまう人もいます。

それが常態化してしまうと、自分が何を大切にしたいのかが分からなくなってしまいます。相手から、「あなたは本当は何を考えているの」と聞かれても、「あなたが思うようにしてもらっていいよ」としか答えられなくなってしまうのです。

・身近な人や特定の人にだけ怒りを出すタイプ

夫婦や恋人、家族といった親しい間柄の中で怒りが出やすくなってしまう、という人もいます。

社会的には穏やかな人として知られていても　家に帰ると感情を自由に出しても許されると思ってしまうのか、怒りを激しく出す人もいます。

怒りを出すのは、相手に「分かってくれるよね（分かってくれて当然）」「受け止めてくれるよね（受け止めてくれて当然）」という甘えの気持ちがあるからです。

甘え＝相手に期待することですから、良好な関係に進むための一歩といえます。そこでは、お互いに甘え合うことを許す、つまり自分も甘えるけれど、相手の甘えも許容する。それはときに相手が「分からない」と表現することも受け入れるという、お互いさまの関係をつくれないと一緒にいてリラックスできる安全な関係には至りません。

怒りを感じるのは自然なことですが、怒りをそのまま周りにぶつけてしまうと、周囲の人は威嚇されているように感じるものです。だからこそ怒りの表現のレパートリーを増やし、調整できるようになることは、対人関係を良好に保つために大切なことです。

怒りを感じないように抑えつけるのではなく、また自分の主張が正しいのだと大声や暴力で皆を押さえつけようとするのでもなく、自分の大切にしているものを示しているもの、そして相手に自分のことを受け入れてほしいという欲求として、その感情を認めるのです。

認められるようになるためには、多くの時間と忍耐を必要とするかもしれません。ただ、そのような取り組みを続け、時にそれを相手と共有し、お互いの理解を深めていくことで、より深く安全な人間関係が築かれていくのです。

感情を数値化して観察する

怒りへの対処を身につけるためには、怒りと親しまなくてはなりません。

感情全般に言えることですが、怒りなどの感情を感じたあとの対応は、パターン化した行動として見ることができます。つまり、抑える傾向がある人は、どのような怒りに対しても抑えるというワンパターンな対処を取りがちですし、怒りを暴走させる傾向のある人は、その対処を習慣としています。そして、その習慣は、社会的環境、つまり職場などの公的な自分と、家庭などの私的な環境における態度の違いにつながっていることが多いのです。

怒りと親しんでいない方、つまり怒りを悪いものとして感じる傾向のある方は、小さい怒りを押さえつけようとしても怒りが押さえつけられないときには、その怒りを大きく感じがちです。

怒りを感じるのがうまくないと、弱い怒りは抑えきってしまうので「怒り指数0」、怒りを強く感じてしまうときには「怒り指数一〇〇」というように極端に感じられるのです。そのような状態だと、「怒り指数二〇」のときの感じ方の対処と、「怒り指数六〇」のときの感じ方の対処が柔軟に使い分けられず、調整ができなくなります。

感情に点数をつけることを「スケーリング」と呼びますが、これも怒りを客観的に観察し、適切に感じる練習につながります。

怒りへの対処法を身につけていくステップとして、まずはスケーリングなどの取り組みも含め、実際に心の中の怒りを観察することを通して、**怒りがいかに自分の生活全般に影響を及ぼしているのかを理解することから始めます。そして、どのように自分が怒りと関係してきたのかを確かめていきます。**

怒りの観察が進む中で、過去の体験と怒りがつながっていたり、怒りの感じ方と対処のパターンに強く影響している出来事に気が付く人もいます。その過程を通して、怒りを体験することに耐える力、つまり怒りを感じることは良いことでも悪いことでもなく、自然なこととして受け止めていく力も身につけていくことになります。

そして実際に怒りが現れたとき、具体的にどのように行動するのか、選択肢を増やしていけるようになるのです。

どのような感情も、練習を通してその対処、関わり方が上達します。それがうまくなればなるほど、その感情が本来もつ力を十分に生かすことができるようになるのです。

怒りがコントロールできずに離婚に至るパターン

怒りはともすれば人間関係を壊してしまいます。怒りを覚えることの多い人が、自らそのことを認め、怒りに対処する技術を高めることは大切です。

「きちんと自分の怒りをコントロールできないのなら離婚する」と、相手から迫られて「マズイ！」と思って相談に来る人もいます。しばしばそのようなカップルでは、相手のほうは怒りを抑え込むのが習慣になってしまっており、自分の主張ができなくなっていることもよくあります。

もともと、怒りを抑え込む傾向があり、さらに主張することができなくなっていった結果、逆切れのような主張をせざるを得なくなり　それがパターン化しているという不幸な悪循環に陥っているカップルもいます。

逆切れもできずに、うつ状態になっていく人もいます。怒りを出しすぎる人、怒りを抑え込みすぎる人、そんな凸凹が噛みあうようにパートナーを選ぶことは多いのです。どちらが良い・悪いの問題ではなく、それぞれの特徴です。それを理解して思いやり合えればよいのです。

安全な関係があると、「ノー」を言える、つまり嫌なことを嫌だと言えたり、「ノー」を受け止める、つまり嫌なことにも耳を傾ける対話が成立します。

パートナーがそれぞれに怒りとの接し方を見つめ、互いに自分の考えていることを伝え合い、そして怒りが破壊的なものではなく、安全な関係を深めるために役立つものとして理解できるのであれば、それは本当に幸せなことではないでしょうか。

怒りの対処法

怒りの対処ができないことを自覚していて、練習をしたいけれども、最近は怒るようなことがあまりない、という人もいます。怒りを適切な場所で適切な相手に伝えられない結果、それが不適切な場所で不適切な相手に対して過剰な強さで向かう、あるいは硬い態度になってしまっているという人もいます。そのようなパターン行動が過去の体験とつながっていることを見出し、過去の心の傷を癒そうと取り組み、確実な効果を得て、怒りとの和解を成し遂げる人もいます。

怒りを感じたとき、またはそのあとででも、自分に問いかけてみましょう。

・怒りの強さは、その出来事に見合っていたか。

・知り合いなど十人を思い浮かべて、その人たちが同じ状況に遭遇したら、みんな同じように怒るだろうか。

・疲れや、ほかの原因で生じたイライラに気がついていなかったという可能性はないか。

・ほかの感情や、現状を正確に確認しないために怒りを代用していないか。
・怒ったときに頭に浮かんでいたことは何か。その考えのほかに検討の余地はないか。
・怒りを伝えることで、本当に欲しいものが手に入れられたか。
・怒りは、自分が何を大切にしたいのか、教えてくれているのではないか。

次に、怒りを制御できずに苦しむ人が、適切な怒りの感じ方と対処に取り組んだ事例を紹介します。

事例　怒りの矛先が子供に向いてしまう母親

富山さんは、三十代の子育て中の専業主婦で、五歳の男の子と二歳の女の子がいます。夫は支援的ではあるものの仕事で忙しく、ときどき母親が手伝いに来てくれます。しかし、母親が来ることを精神的に負担に感じていました。

富山さんは、子供に対して、思い通りにならないと許せなくなってしまう自分がいて、すごく強い怒りが向いてしまうことに悩んでいました。

例えば、「飲み物をこぼす」といった、子供によくある失敗だと分かっていても許せず、どうしても怒りが止められなくなって、すごく怒ってしまう……。こんな怒り方をしてはよくないと分かっているのに、やめられない自分は何かおかしいのだと思い、疲れ果てて相談にいらっしゃいました。

富山さんは、怒りをうまく調整できない自分を嫌悪し、怒りを恐れていました。そこで、まずは怒りのスケーリング練習から始めました。

すると、怒りを感じたあと、その怒りを吐き出さなくても自然に収まっていくことがあることに気づきました。

怒りが子供に対して出てしまいそうになるときは、別の部屋に行って間を置き、怒りをクールダウンさせる「タイムアウト」を取ったり、クッションに怒りをぶつけてエネルギーを吐き出すなど、後悔するような行動を減らす工夫にも取り組みました。

その後、少しずつ怒りと、自分の生い立ちとの関係に目を向けられるようになっていきました。

富山さんの父親は、忙しい学校の先生で、いろいろなことを教えてくれましたが、四十代のときに急病で亡くなりました。母親は音楽が好きで、本当は音楽で身を立てたかったけれど、結婚したからできなかったとよく聞かされていました。

感情的な母親は、父親に対していつも不満を口にして、富山さんが父親と仲良くすることもよく思っていませんでした。父親の生前から母親の話の聞き役だった富山さんは、母親の期待に応えるように生きてきたと振り返り、母親の味方にならないといけないと信じて生きてきた、そんな自分に気づいたのです。

特に嫌だったのは、父親が亡くなったあとに、母親が複数の男性と付き合い、一緒に暮らした時期があったことでした。そのうちの一人の男性は、富山さんにも色目を使い、本当に気持ちが悪かったため母親に伝えました。しかし、母親は耳を傾けてくれず、富山さんの気持ちに寄り添ってくれなかったため、味方に裏切られたような気持ちになりました。

本心ではすぐに家を出たかったのですが、妹のために家に居続けたのでした。そのような体験があり、母親が子育てを手伝いに来てくれても、富山さんには負担になる一方でした。

以下は、ある程度相談が進んだところでの一場面です。

富山（相談者）：子供のことは、本当に大切なんです。子供といると、本当に幸せだなぁって、感じられるんです。

玉井（カウンセラー）：それは素晴らしいですね。以前は、子供に対して悪いなぁという気持ちが強くて、その幸せもしっかり感じることが難しくなっていたんでしょうかね。

富山：以前から、子供といると幸せだなぁって感じていたんです。でも、そんな幸せを自分がダメにしていることも感じていて、自分をコントロールできないのが情けなくて……。

玉井：以前に比べて、今はどれくらい子供に怒りをぶつけずに済んでいますか？

富山：まだ完全ではないんです。でも、以前の半分ぐらいにはなったかな。失敗して怒りをぶつけてしまう自分がいるんですけど、やばいって思って、「自分のバカ」って言い聞かせて何とか子供から離れるんですけど、子供がついてこようとするから大変で……。

玉井：おぉ、頑張ってますね。いいですね。確実に怒りの調整がうまくなっていますよね。怒りに気づいて、対処もできる場面も増えているのですから。

富山：まぁ。でも、自分が情けなくて……。

玉井：少し気になったのですが、富山さんは、自分がバカだっておっしゃいますが、そうなんですか？　子供のことを大切に思っていて、幸せに感じられるところは、そうではないんでしょ？

富山：ええ。子供を見ていると、涙が出そうになることもあるんです。なんか、本当に嬉しくって……。でも、そんな子供に対して過剰な、はっきり言って間違った怒りをぶつける自分は、本当にどうしようもないですから。

玉井：富山さん、そこですけどね。富山さんの心の中には心の根っこみたいな、幸せ感に満ちた心の中心のような素敵なところがありますよね。幸福感で包まれているような。普段はその周りを怒りが覆っていて、心を乗っ取ってしまっているんですよね。

富山：そうなのかもしれません。

玉井：その怒りを徹底的に見張って、勝手に動かないようにしていく、その取り組みは大切ですけど、怒り自体が富山さんの本当の心の中心ではないですよ。長年、自分は怒りを抱えていると感じていて、それが自分だと思って、そんな自分が好きではなかったというのは分かります。ただ、少しずつ富山さんの心の中心が、本来の温かいところに帰っていく気がしますよ。

富山：そうだといいんですけど。怒りを感じること自体は、なくなりませんよね。何で、そんな怒りを持ち続けないといけないいんでしょうか？

玉井：怒りは、自分のことを守るためにあったんだと思いますよ。私は、人の心には、温かくて創造的な部分と、激しく破壊してでも変革していこうとする部分があると思っています。富山さんは、破壊的なほうの種を育てて、その芽に栄養をよりたくさん与え、大きく育ててしまったんですよね。その理由は過去のこととつながっている気がしますし、自分でも感じていると思います。でも、温かい芽も大きくはないけれども、きちんとありますよね。そして今、破壊的な芽ばかり栄養をあげてしまう習慣をやめて、温かい芽をより大きく育てる習慣を身につけようとしているんですよね。

富山：なるほど、それなら納得がいきます。

富山さんは、子供の笑顔を思い浮かべ見守ることを意識して、自分の心の中に温かい芽を育てていくような感覚と、スケーリングやタイムアウトを使い、怒りを調整し、制御する取り組みを重ねながら続けていきました。

基本的には耐える力も、ガッツもある方です。変なタイミングで怒りを覚える自分のことを、どこか狂っているのではないかとすら思っていた富山さんは、少しずつ怒りの調整ができるようになり、自分に対する安心感をもしるようになっていきました。

また、嫌だった自分の思いを受け止めてもらえなかった過去の体験についても話し合い、過去の自分が自由の少ない中でもよくやれていたことを認めていくことなどを通して、自らを癒していきました。

そのような取り組みが進んでいく中で、過去に頑張ってきた自分を感じ、そんな自分にも「ありがとう」と言えるようになっていったのです。


自己理解が深まっていくにつれ、怒りやほかの感情と自分の行動のつながりがよく見えてきて、より楽に、そしてより深く人とつながる感覚をもてるようになります。

感情は、一生つき合っていくものです。その声を丁寧に聴いていくことで、よりたくさんの対処のパターンを身につけていけるのです。

怒りの対処法

①スケーリング

怒りを感じたとき、怒り指数を0〜100点で点数をつける。自分の主観でOK。何度も繰り返すうちに、自分の中の怒りに気づき、客観的に対応する準備となる。

②タイムアウト

怒りが相手に対して出てしまいそうになるとき、いったんその場を離れて、冷静になる時間をつくる。

③怒りのエネルギーを吐き出す

怒りが人や物に向いてしまいそうになるとき、クッションにぶつけるなど、あらかじめエネルギーを安全に吐き出せるものを決めておく。

第2章
不安
未来への備えを促すアラーム

多くの活動は不安に支えられている

怒りに比べると、不安は大した感情ではないと思う人がいるかもしれません。怒りほどには爆発的で破壊的ではないので、そう感じるのでしょう。

しかし実際は、怒りが強いときには目の前の新聞を破ってしまうかもしれないのに対して、不安が強いときには、新聞を手に取りながら文字が目に入らず、何も手につかないまま気持ちはおろおろし続けて時間だけが過ぎていく……。

このように、不安は怒りと同じ、またはそれ以上の強さで私たちの行動に影響を与えています。不安を軽く見てはいけないのです。

不安という感情は、実は私たちのさまざまな活動を支えてくれています。

私は、臨床心理の研究と実践のため、できるだけたくさんの本や論文に目を通していますす。これには私の好奇心がおおいに力を貸してくれますが、クライエントに対して良い支援ができるだろうか、もっと良い視点やヒントが発表されているのではないだろうか、などと思う不安にも助けられています。

不安があるおかげで、「この考えでは間違っているのではないか」「もっと良い見方があるのではないか」と考え、調べては考える、そして実際に試してみる、そんなことを繰り返しているのです。

不安をまったく感じない自分を想像してみてください。

仕事に行かなくても不安がない、ミスをしても不安がない、銀行口座の残金がなくなっても不安がない……、幸せでいっぱいかもしれません。ただ、社会生活を維持するのに問題が生じることは目に見えているでしょう。

また、不安という感情に対する適度な耐性がないと、

「もっと自分の思い通りにしたい」

「もっとお金が欲しい」

「もっと幸せになりたい」

と依存症で苦しむ人のように、不安に後押しされる欲求にブレーキが利かなくなり、いつ

も何か足りていないと感じ、実際の幸せを感じられなくなってしまうのです。

不安が心の中に出てきているのに、それを感じないように頑張る人もいれば、感じられない人もいます。不安を適切に感じられないと、不安という心のアラームが機能しなくなり、結果として困った状況に振り回されるという悪循環に陥るのです。

保証のない世界に生きているから

私たちは、この先の未来はこうなる、という保証は得られないため、不安を感じます。

言い換えれば、不安の存在は、私たちが保証のない世界に生きていることを明らかにしています。**保証がないという事実、それをしっかりと肚《はら》に据え、理解しておくことが大切です。**

現代に生きる私たちは、科学を発展させることで、いくつかの病気を克服したり、世界を広げることで、自分が求めるものを手にすることができるようになってきました。

それでも、世界のどこかでは戦争が起きており、次は自分たちの住んでいる国や地域でも実際に発生する可能性があるのです。どのようなことをしても、保証は得られないのです。だから、適切な程度の備えは大切です。不安は、そのことを教えてくれます。

この事実をどのように受け止めるのかは、人によってさまざまでしょう。

頑張ったら必ず思った通りの結果が出るならば、世の中はとてもつまらないところになるでしょう。単に、決められたことをきちんとこなしさえすればよい、となるのですから。

しかし、現実にはそんなことはありません。

スポーツの試合など、お互いが精いっぱい練習して備え、できるかぎりの力を発揮しても、勝利の女神は片方にしかほほ笑みません。勝って喜びながらも次に備え、負けて落ち込んだとしても、その勝負を振り返り、次につなげていくしかないのです。

そして、勝ちも負けも私たちを成長させてくれます。

私は、**不安は私たちに与えられた大切なもの、幸せを教えてくれるもの**と考えています。

現実的な不安・お化けの不安

不安には二種類の異なった性質のものがあります。

一つは「現実的な不安」、もう一つは「お化けの不安」と私が呼んでいるものです。

現実的な不安とは、何かに取り組む際に「これでいいのかな」と確認して、より良いものにしたり、準備をしっかりと整えるために役立ってくれます。

つまり不安は、未知のものに向かうとき、自分自身でコントロールができない状況に直面するときに出てくるのです。

例えば新しい仕事を任されたとき、準備として人に話を聞いたり、調べたり、勉強をします。人前でプレゼンテーションをしなければならないとき、その内容を繰り返しチェックし、場合によっては知り合いにも見てもらい、目的とすることを相手にしっかり伝えられるか考えることもあるでしょう。

不安は、何かを進めるときに慎重さを維持するための軽いブレーキとして働いてくれています。加えて、そのような行動を実行しようとするときに、「よし。やるしかない」という行動を起こすスターターとしても機能し、その行動を維持するエネルギー、つまりアクセルにもなってくれます。

お化けの不安は、未知のものを過剰に怖れたり、相手からの評価などをネガティブに考えすぎることで、実際に進めたい準備の手を止めてしまいます。また、依存症のようにブレーキを壊してしまうのもお化けの不安のしわざです。

「こんなことをやっても意味がないのではないだろうか」

「これで本当に大丈夫なのだろうか」

などと、答えが決して出ない気持ちに囚われてしまい、それまで動いていた準備のための行動をやめてしまう、そんな強すぎるブレーキとして働くのです。

一方、依存症の場合は、ちょっとしたブレーキが利かない体験から、こうすればよいかも、こうすれば気分がいい、という間違った条件付け学習に囚われてしまい、ブレーキが壊れるまで進んでしまうのです。

結果として、大きくなった「お化けの不安」に取りつかれ、自ら抜けられなくなってしまいます。

お化けの不安は問題となる場合が多いのですが、違う側面から見ると「それでいいのか」というチェック機能として働いてくれている、と見ることもできます。リスク管理を仕事にしている人には、このような視点は重要になるでしょう。

つまり**適度な不安は、自分のことを落ち着いて見つめ、ほどほどで満足できることに力を貸し、人との関係を良好に保つことに役立ってくれているのです。**

不安への対処法

不安について理解をしようと学び始めること。それ自体が、対処の第一歩です。

私たちは未知のものに向かうときに不安になりますが、分からないからこそ専門家たちの話に耳を傾けようとします。これは妥当なことです。

レオナルド・ダ・ヴィンチのように、さまざまな領域で天才的な能力を発揮できる人は稀であることを考えると、世の中が分からないことだらけなのは当然です。

私たちは、通常の生活を続けているときには、分からないことも受け入れています。

ただ、社会的な不安が高まり、それが自分にも影響することを感じ始めると、分からな

《プラスの面》

・未来を予測してくれる
・具体的な準備のために手を動かしてくれる
・チェック機能として働いてくれる

《マイナスの面》

・取り組みが正しいのか分からなくなり、手が動かなくなる
・どうしてよいのか分からず、前に進めなくなってしまう
・完ぺきや安心を求めすぎて、やめられなくなってしまう

いという不安が耐え難いもののように感じられるのです。

金融危機、パンデミック、地域紛争から戦争まで、専門家でも何が正解の対処法なのかは分かりません。専門家は何が分かっていて何が分かっていないのか、それを冷静に見続けているので、言っていることが正しいかどうかは別として、感情的な混乱からは自由なのです。だから人は専門家の話を聴くのです。

実際に、専門家はいくつかの可能性を指摘するにすぎないのですが、大切なことは冷静な事実を見つめる目であり、それを踏まえた決断です。

不安が出てきたときには、それを書き出すか口に出して誰かに聞いてもらうなど、不安をいったん自分の外に出して客観的に見つめることをお勧めします。

不安を外に出すと、現実のものとして見つめやすくなるのです。

・どれくらい強く不安を感じているのか。
・頭の中で唱えて繰り返されている、不安のもととなる思考は何か。
・何に対して不安を感じているのか。

その具体的な外的状況・思考・不安の強さを書き出してみるのです。

分かっていることを書き出すことなど意味がないと感じるかもしれません。

ただ、**これらの作業は、単なる整理というよりも、不安と距離を取る練習にもなる**のです。


不安と距離が取れるようになることで、初めて自分の不安が現実的なものなのか、それともお化けなのかを見分けることができるようになります。

不安になりやすい人は、不安の強さがその出来事に見合わないほど大きくなり、お化けになりやすいことに気づくかもしれません。

そして、その状況で自分が選択しようとしている、あるいは知らず知らずに選択している行動が妥当なのか、一息ついたところで客観的に検討ができるようになるのです。

高まった不安は必ず鎮まる

もう一つ、実はどの感情についても同様なのですが、その感情が高まったときに思い出すと良いことがあります。

感情は神経系の興奮、高まりであり、時間とともに必ず下がるということです。高まったものは、自然に下がるのが道理なのです。

感情が高まると、それに対処しようと考え、行動し始めるのは自然なことです。ただ、強い感情の直後に取られた対処は、条件反射のようにパターン化しがちで、その対処方法を行わないと感情が下がらないという学習につながってしまうのです。

具体例を挙げてみましょう。

普段、神社やお寺のお守りを持ち歩いている人がいます。ちょっと不安になったときに、そのお守りを握りしめることで安心感を思い出す、それは一つの良い方法です。

ただ、そのお守りがないとどこにも行けない、もしお守りを忘れて出てきたことに気が付いたら恐慌状態に陥ってしまうとなると、お守り依存になってしまっています。お守りを、ほかの物や行動に置き換えてみると、本当にさまざまなものに私たちが救いを求めていることに気が付くでしょう。

支えをもつことはよいのですが、それが一つだけではないこと、そして高まった感情は必ず下がるということも一つの知識として、お守りにしていただきたいと思います。

不安を感じて、ノートなどに書き出したあとに、自分に問いかけてみましょう。

・この不安は現実的な不安か、それともお化けの不安か。
・この不安の強さは妥当だろうか。
・不安に圧倒されがちな自分に気が付いて、それを認めてあげよう。
・不安は、具体的な対処、または時間とともに鎮まっていくのではないか。
・不安が、先々のことに対して否定的で極端な感覚や考えをつくっているのではないか。
・何が不安なのかが分かったら、まず何から手を付けるべきか。

事例　考えすぎから自由になれない女性

石川さんは、二十代半ばの女性で、結婚を機に子供も欲しいと考え、退職しました。ところが、しばらくしてから身体がすぐれない状態が続くようになりました。夫はそんな石川さんを労わり、ゆっくりすればよいと言ってくれています。

田舎育ちの石川さんは、小さいころから人見知りで、できるなら外に出ずに家にいたいと思うタイプでしたが、今はすっかり引きこもり状態になってしまいました。

兼業農家の明るい父親と、パートで忙しく元気にしている母親が、気にかけてよく連絡をくれます。

兄は結婚していますが、姉は独身で、電車で一時間ほどのところに住んでおり、気にかけてくれます。石川さんにとって、兄と姉は優秀で憧れであるとともに、自分は同じようにできないなぁと、いつも劣等感を感じる対象でもありました。

少し動作がゆったりした子供だった石川さんは、母親に「あなたはできるよ」と励まされて、勉強も運動も一生懸命に頑張ってきました。小学校ではテストで九〇点以上を取れることもあったのですが、そんなときは、「たまたまテストが簡単だったから」と思い、自分ができると感じたことはありませんでした。

中学生になり、卓球部の選手として県大会に出場したときも、「組み合わせが良かっただけ」と思っていました。

確かに、何事にも頑張ってきたし、それなりに結果が出たものもあるけれど、自信はまったくなく、いつも不安で「もっともっと」「これじゃいけない」と思い続けてきました。

大学は地方の国立大学に入り、それなりに楽しかったのですが、人にどう思われているのかが気になり、仲良くなった人とだけ一緒にいるようにしていたため、あまりチャレンジはしてきませんでした。

不安がいっぱいだからこそ、持ち前の頑張りで就職したのですが、お金を扱う仕事だったのでミスをするのではないかと不安で、眠れなくなって療養休暇を取らざるを得なくなることもありました。夫は職場の先輩で、少し強引だけれども優しいところが信頼でき、石川さんのことをすごく好いてくれていることが嬉しくて結婚したのです。

そんな石川さんは、最近は家にこもり気味になっており、もともとのマイナス思考に拍車がかかり、家にいるのに気持ちが休まらず落ち着かなくて、何かをしなければと思いながら、何も手につかない……。こんなことなら、自分はいなくなったほうがよいのではと思ったり、自分が壊れていくのでは……、と感じることもありました。

そんな石川さんを心配した親から「カウンセリングに行くといいよ」と言われ、相談に通うようになったのです。

カウンセリングを続けるうちに、石川さんは、自分の家族関係や生い立ちがいかに現在とつながっているのかを理解し、その過程で、不安が自分の人生に強く影響してきたことを理解し始めました。

これまでは、勉強や仕事など、何をしなければならないのか、何を頑張ればよいのかというように、不安は具体的な事柄に限定されていたのですが、結婚して、これからの日々の生活、人生をどうしたらよいのかという視点で考えるようになり、どこまでも終わりのない無限の不安にさいなまれるようになってしまったのです。

以下は、数回目の相談の一場面です。

石川：先生が言うように、私の不安って、お化けのような気がするんですよね。
玉井：ほう、どうやってそれに気が付いたんですか？
石川：不安が強いときについて、スマホのアプリを使って記録を付けてみたんです。自分の気持ちの原因となる出来事、そしてその捉え方を書き出すアプリを見つけて。それを見直してみると、ちょっと極端だなぁって思って。
玉井：具体的には、どういったことがあったんですか？
石川：例えば、今は家にいる時間が多いから、少し何かしたくなって簿記の資格を取ろうと思ったんです。
玉井：何かしていたいんですね。
石川：まぁ。それで、その試験が迫ってきたので勉強していたんですけど、だんだんと試験が近づくにしたがって、その勉強が手に付かなくなっていって。
玉井：ほう。もう少し教えて。
石川：勉強しようとすると、「こんな勉強で大丈夫なのかな」「ダメなんじゃないかな」という考えが浮かんできて、それで頭がいっぱいになって何もできなくなっている自分がいることに気が付けたんです。
玉井：お見事ですね。よく自分で見つけましたね。さすがだなぁ。
石川：ありがとうございます。先生の言う通り、その不安の強さが、不安を引き寄せていると考えて、具体的な対応や状況を確認したんです。そうすると、不安は少し強すぎる気がしたんですよね。
玉井：強すぎる？
石川：はい。確かに、試験に対して緊張するのは自然だと思うんですけど、私の不安はもう人生のすべてがかかっているかのような感覚なんです。夫にそう言うと、「まぁ、ダメでもいいんだよ、よくやっているんだから」と言ってくれてホッとしている自分もいるんです。そんなことでは良くないとも思うんですけど。
玉井：ホッとしていいんじゃない。石川さんは、ホッとすることに落ち着いて留まれているんですか？
石川：えっ、いいえ。ホッとして留まっているとダメかなって思ってしまって。
玉井：留まることで初めて心に栄養が届けられるようになる人もいますよ。いずれにせよ、何かに向かっていこうとする力がなくなってしまうことではありませんしね。
石川：そうですか。そうですよね。安心することは、悪いことだと思ってきたのかもしれません。安心してしまうと、もうそれ以上、前に進めなくなってしまうというか。
玉井：そうですよね。そのことも不安だったんですよね。
石川：はい。

不安との付き合い方

玉井：実際に、その不安から少し離れることができて、勉強に戻ってどんな感じでしたか？
石川：勉強も始めてみると、面白いんですよね。知らないことを知るのは好きですし。始める前は不安が強いんですけどね。

玉井：不安は、行動を起こすためのスターターみたいなものですからね。いざ、始まってそのことに集中できてくると、不安から離れて楽しみすら感じる人も多いですよね。

石川：そうなんです。始まる前なんですよね。そして、時々は勉強の間に不安がでてきて、ふと我に返るように考えすぎてしまって、手が止まってお化けに乗っ取られてしまっていたんです。

玉井：それだけ意識できるようになって、きちんと書き出す練習も進んでいるようでしたら、一時的にはお化けの不安に乗っ取られても、すぐにそのことに気が付ければ、そこから離れられるかもしれませんね。

石川：ここに来るまで、これからの人生とか、子育てとか、子供の将来とか、いろいろなことを考えすぎて圧倒されてしまっていたんです。本当に、苦しかった……。死んだほうがましかもって思うくらいだったんです。でも、今はその苦しみもまったくないわけじゃないけど、どのように対処していけばよいのかわかってきたし、練習を続けていけば少しはましになると思うんです。

玉井：いいじゃないですか。その調子で進めていきましょう。

不安の対処法

①不安を書き出す

不安を感じたとき、3つの視点で言葉に書き出し、自分の外に不安を出す。誰かに話を聞いてもらうことでもOK。

・どれくらい強く不安を感じているのか
・頭の中で繰り返されている考えは何か
・何に対して不安を感じているのか

②現実の不安とお化けの不安を分ける

お化けの不安だと気が付いたら、放っておく。

③具体的な対応を書き出す

不安を感じたとき、現実的な対応策を思いつく限り具体的に書き出す。難しいことではなく、簡単なことでOK。

石川さんは、しばらく相談を続けて、不安との付き合い方、不安が出たときの対策に長《た》けていき、「『不安を見つけると、そこにもいたか』って思うんですよね。不安は好きにはなれないかもしれないけど、不安が自分の人生のすべてではなくなっていくと思います。不安は、私にいろんなことを教えてくれています。そして、不安があっても私は大丈夫になっていければいいんだと考えています」と言えるようになっていったのです。

不安は、生活を送る中であちらこちらに顔を出してきます。

そして人はその影響でちょっと止まって考えたり、手を動かしたり、はたまた不安の世界に連れて行かれてしまったりしているのです。

不安はなくなりません。それでも、ちょっとしたヒントを残して通り過ぎてくれるものです。その声を丁寧に聴いていけるようになりたいですね。

第3章
恐　怖
危険への対処を促すアラーム

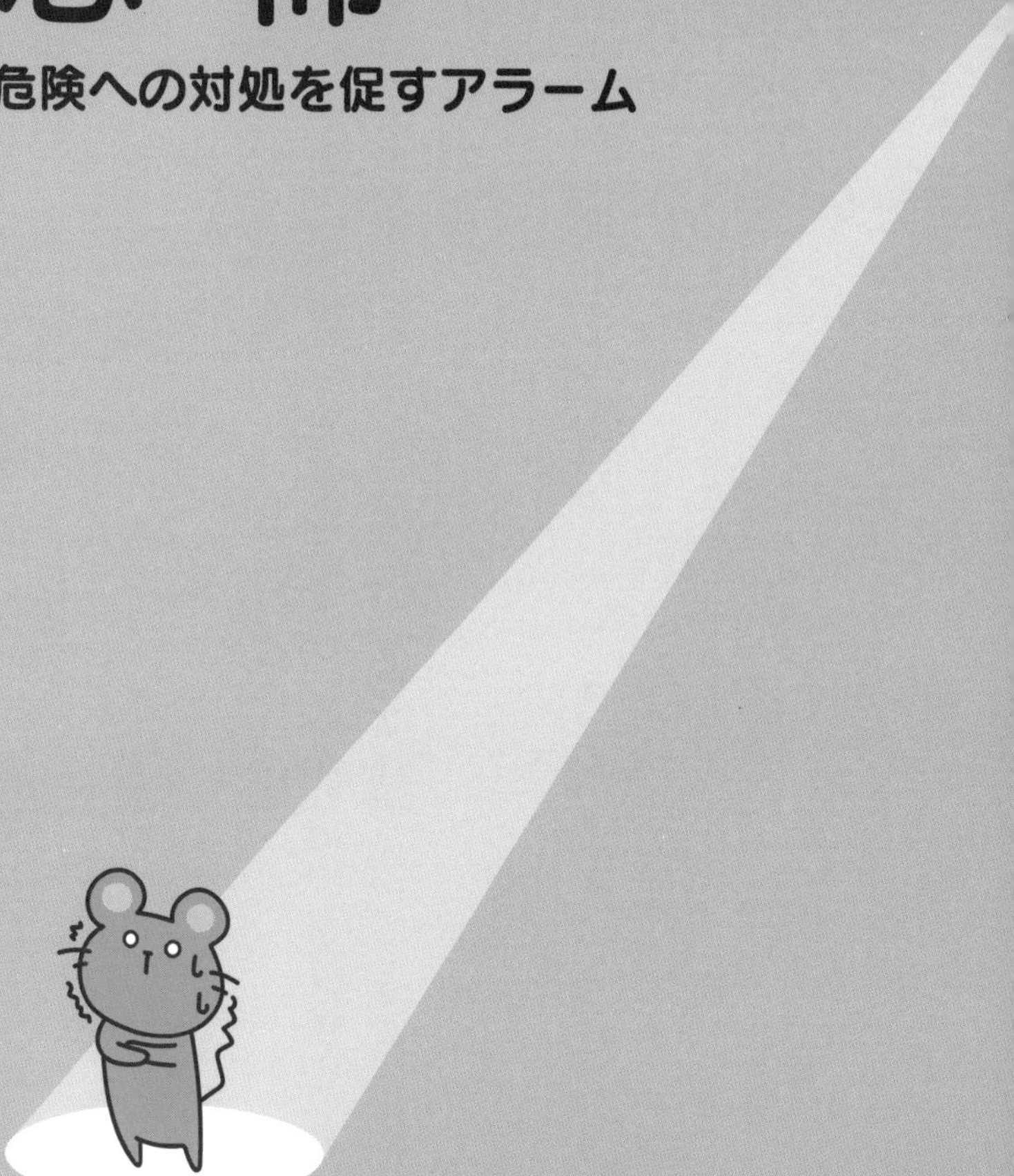

未来に向かう「不安」、今に向かう「恐怖」

みなさんの中には、ホラー映画や、ジェットコースター、お化け屋敷が好きだという人もいるでしょう。

なぜ、人はわざわざ恐怖という感情に自分を触れさせることを楽しむのでしょうか。

恐怖という感情は、不安と似ています。不安が未来のことに向かう傾向があるのとは異なり、恐怖は今現在の状況とつながっています。つまり、今の状況が危険かどうかを教えてくれているのです。

不安や恐怖を感じたときに、活性化される脳や身体のニューロンは同じもので、脳はその違いを認識していないのではないかと考えられます。不安や恐怖の感情が生じると同時に、その感情を生じさせるきっかけとなった出来事が、未来または現在のどちらかに紐づけられているかを認識することで、感情の違いとともに対処の違いとして意識されていくのだろうと考えています。

そして**恐怖は、私たち生き物にとっての生命維持に欠かすことができないものです。**例えば、何かが顔に向かって飛んできたとき、眼瞼閉鎖反射《がんけんへいさはんしゃ》といって反射的に目をつぶります。そのことを私たちは恐怖として意識せずに行います。

恐怖を意識する

恐怖を意識することで、より状況に適した調整が行いやすくなることがあります。

例えば、ぱっと見て機嫌が悪そうで怖そうな人がいたとします。その人のことをよく知らないと話しかけづらいのですが、話しかけると楽しい人かもしれないと思い直して話しかけてみると、それが素の顔で怖くなく普通に会話を楽しめます。

パソコンの操作に慣れていない人が、ある作業ができずに考え込んでしまうのに対して、慣れている人はその作業の手順を知らなくても、いろいろとキーボードを押して試行錯誤しながら進めていくことも同様です。慣れていない人は、変なボタンを押して壊してしまったらどうしよう、などと考えてしまい、作業が進まなくなります。

ぱっと見たときに「怖い」と感じると、動けなくなってしまいますが、**「自分は今、恐怖を感じているんだな」と意識することで、「一瞬怖いようだけど、大丈夫」とか「勘違いだね」などと心の中で調整が進むのです。**

一方、恐怖を意識することによる弊害もあります。恐怖症はまさにその一つでしょう。蜘蛛《くも》が嫌いな人がいます。嫌いなために、蜘蛛のように足が生えている虫はすべて嫌い、と嫌いなものが広がってしまう人もいます。蜘蛛と出会わないように、自然に近づかないだけではなく、外出も避けるようになってしまうと、生活もままならなくなります。

恐怖を意識することで、関係ないことにまで恐怖を広げてしまい、怖くなること自体が怖い、まるで「恐怖恐怖症」のようになってしまうのです。それは、本来は生命維持のためにはたらく恐怖というアラームが壊れてしまい、実際に危険が迫っていないにもかかわらず、アラームが鳴ってしまっているのです。

価値観によって異なる恐怖

人によって怖いものが異なることも、人間が意識をもち、状況調整力を高めた影響でしょう。

高いところは落ちる可能性があるから怖いと感じるのは、多くの人にとって共通のことです。

赤ちゃんを対象にした、ビジュアルクリフという有名な実験があります。

赤ちゃんを「視覚的断崖」（実際には透明な床がある）に座らせ、お母さんのほうに進むかを観察することで、奥行き視覚がどのように獲得されるのかを検証していく実験です。

この実験から分かるのは、怖さは学習によって変化していくものだ、ということです。

赤ちゃんが立ち、高さを感じるようになり、高いところから落ちたり、落ちるところを見たりすることで、高さを怖いものと感じるように条件付けされていくのです。

もちろん、すべての人が同じように学習を進めるわけではありません。

私が好きなクライマーの山野井泰史《やまのいやすし》さん（一九六五〜）は、落ちたら必ず死ぬであろう高い岸壁などに一人で挑戦し続ける方です。山野井さんは、高さへの恐怖もあるのでしょうが、高いところへ登ることの好奇心のほうが勝ってしまうのでしょう。

このように、**人は、思考する力をもったことで、ほかの生き物よりも怖いものに対する個体差が大きくなった**ようです。

生物としては、自分や子供、近しい存在が死ぬことや、社会的に疎外されることなどが恐怖の対象となります。

そのほかにも、親しい人から嫌われること、体調が悪くなること、名誉を失うことなど、その人が大切にしていることによって大きく異なるでしょう。これらは、恐怖のみならず、不安という感情ともつながりが深くなってきます。

自分が恐れているものは何なのか、何を大切にしているのか、じっくりと考える時間をつくり、大切にしているものを本当に大切にできているかを振り返り、確かめてみてはいかがでしょうか。

適度な距離を取る

では、恐怖に対してどう取り組めばよいのでしょうか？

高い崖から下を見て怖くなり、数歩後ずさりしたあとは、怖さが遠のくでしょう。このように、**恐怖に対する簡単な対処は、危険なものからは適度に離れるということに尽きます。**

苦手だと感じる人に対して、話してみてやっぱり気が合わないなぁと感じたら、適度に距離を取るのは自然なことです。

すべての人と仲良くならなくてもよいのです。気が合う人の近くにいるというだけでずいぶんと気が休まるものです。

先ほどの恐怖症の話に戻ってみましょう。

海外では、恐怖症治療の訓練プログラムで、蜘蛛《くも》恐怖症の治療が例に出されることが多いようです。この恐怖症では、もともと蜘蛛が怖いから広がってしまった感情について理解し、治療を進めていきます。実害を与えない蜘蛛について学び、害がある蜘蛛と識別できるようになることで、恐怖の対象を正確に知ることができます。

また、識別が難しい場合には、すべての蜘蛛を避けるという戦略も決して悪いものではありませんが、恐怖の対象を正確に知り、ときには自分自身について知り、感情そのものを知ることは、その恐怖が妥当かどうかの判断に役立ちます。

自分が怖いと感じるものを、蜘蛛に置き換えて考えてみてください。

「そんなに怖がる必要はない」と思える場合には、恐怖は消えていくものです。

夜中、いるはずもない人影が見える

私自身も、恐怖におののいた経験があります。

ある晩、夜中にふと目が覚めて、目に入った隣室の窓際に人が立っているような影が見えたのです。それを認識した瞬間、普段は剣道の素振りに使っている木刀が枕元にないことを後悔し、もしその人がこちらに向かってきたらどのように戦おうかと、頭をフル回転させました。

そして、実際に取った行動は、「それが本当に人であった場合に備えて枕を持ち、静かに警戒しつつ近づいて状況を確認する」というものでした。

実は、人影に見えたものは、カーテン越しに入ってきた光で、家具をうっすらと照らしていただけだったのです。

本当にホッとしました。そして、いいネタができたとほくそ笑みました。そうでもしないと、怖がっただけの割が合わないという考えもあったのだと思います。

その後も、ふと夜中に目が覚めたときに、同じものを見てドキッとすることがありました。しかし、このときの「人ではなく光の影だった」という学習が、その後の役に立ってくれています。

このように、**恐怖には適切な学習と、慣れが大切なのです。**

慣れとは、恐怖を感じやすいところを理解し、その恐怖が実際の危機とは異なることを繰り返し体験することで身につけていく新しい学習です。まさに、人のもつ「意識する能力」を活用しているのです。

これは、理屈ではないのです。

怖いものを「怖くない」と言い聞かせることではありません。実際には怖くても、決して予期されたような危機には至っていないという体験を繰り返し、「大丈夫だな」と実感をもって思えるようになることです。

怖いという感情が強すぎて、このような手順を適切に進められないことがあるのも事実です。そのようなときには、私たちのような専門家をうまく利用して、自分の感情調整スキルを高める手助けを得ていただければと思います。

恐怖を感じたときに、自分に問いかけてみましょう。

- 恐怖の強さはどの程度（スケーリングで何点ぐらい）か。
- その怖さの強さは、時間とともにどのように変化していくか。
- 恐怖は現実的なリスクをどれくらい適切に反映しているか。
- 恐怖が示すリスクが実際に生じる可能性と、生じない可能性はそれぞれどの程度か。
- 怖いものを克服する必要があるのか、ないのか。
- 怖いことは、自分の心がきちんと自分を守ろうとしてくれているからだと思えているか。
- 本当に自分が恐れているものは何か。
- 本当に自分が大切にしているものは何か。

《プラスの面》

・今、危険かどうか教えてくれる
・危険なことから身を守ってくれる
・自分が守りたいもの、大切なものを教えてくれる

《マイナスの面》

・動けなくなってしまう
・人によって怖いものが違うため、理解されないこともある
・盲目的なパターン行動に陥ってしまう

事例　車を運転できなくなった女性

秋田さんは、二十代の女性です。車の運転が好きで、週末になると遠くまで足を延ばして、ドライブを楽しんでいました。友達や恋人を誘っていくこともしばしばありました。ある週末、一人で高速道路を運転していたときに、後ろから猛スピードで走ってくる車があり、それをよけようとしてハンドル操作を誤り、事故を起こしてしまったのです。幸いに命は無事でしたが、全治三か月の大けがで入院しました。

退院の際に、家族が車で迎えに来てくれ、しばらくは実家で養生することにしていたのですが、その迎えに来てくれた車に乗ったときから、ドキドキが止まらなくなり、パニックのようになってしまいました。

回復後の秋田さんは、好きだった車に乗ることが怖くなり、人の車にも乗りたくない、車を見ることもできる限り避けたい、という状態になってしまったのです。

車がないと不便な地域だったので困ってしまい、何とかできないかと私のところに相談に来られたのです。

何となく、事故の後遺症だなとは思っていたようですが、「別にもう終わったことなのに……」と頭では思っているのに、身体が反応してしまい混乱が続いていました。

最初は、その事故のことを話すだけで調子が悪くなる感じがあったため、まずはきちんとリラックスすることを練習し、自分の内に安心感を強めていきました。

その後、少しずつ事故のことを振り返ることができるようになっていったのです。


そのときのことを繰り返し振り返る中で、秋田さんは「あのときのことがすごいスピードで頭をよぎって、『もう死ぬのか』と考えていた」という感覚が、今のコントロールができなくなってしまった恐怖感とつながっていることを実感しました。恐怖を客観的に観察できるようになっていったのです。

その後、避けていた車に少しずつ触れては、事故の恐怖を追体験し、その恐怖が決して致命的なものではないことを確かめつつ、やり過ごす練習を重ねていったのです。

これは、感情暴露という方法なのですが、実際に恐怖感情に触れて、その感情に耐えられた体験を重ねていくのです。

いきなり一番怖いことに自分をさらしてしまう、という方法もありますが、私はあまりそのアプローチを好んでおらず、スケーリングで小さい値の恐怖を感じることから繰り返し体験し、少しずつステップアップしていくという方法を取ります。

頑張り屋の秋田さんは、その取り組みを丁寧に計画に沿って重ねていきました。最後は、少しだけ身体感覚にアプローチする別の心理技法も用いましたが、二か月もかからずに、また自分で車を運転できるまでになったのです。

「長いドライブは、今はあまりしたくない」と言っていましたが、「そのうちにまたゆっくりと車を走らせることを楽しめるといいな」と語るまでになりました。

このように、恐怖体験に対する心理療法は、かなりいろいろな研究がなされています。トラウマという言葉を聞いたことがある人もいるでしょう。過去に大きな被害にあった体験などで、自分の考えていることと感じていることが切り離されてしまったように、自分が特定の状況で適切に反応できなくなってしまうのです。

その苦しみが大きいときには、専門家の力を借りることが必要になります。

恐怖の対処法

①スケーリング

恐怖を感じたとき、恐怖指数を0〜100点で点数をつける。自分の主観でOK。

②恐怖を意識する

恐怖を感じたとき、「今、恐怖を感じている」と意識化し、「守りたいものを守れない」という考えではなく、「守ろうとしているんだ」という現状を確かめる。

③危険なものから適度に離れる

我慢せずに、危険なものからは適度に距離を取る。どの程度の距離を取れば怖さが遠のくのか、適度な距離を模索する。

この感情暴露というアプローチの基本方針を理解しておくと、ちょっとした恐怖にも慣れて耐えられるようになります。ただ、相手が嫌がっているときに、無理やり恐怖体験に突入させてしまうと、悪化させてしまうことが多いので注意してください。

何が怖いのか、その怖いものを克服する必要があるのか（放っておいても生活に困らないものもあります）、その怖いもののリスクを適切に評価する、ということを考えてみましょう。

私にもアリが苦手な娘がいますが、本人は「別にいいじゃん」とそのまま放っており、私もそれでいいだろうと思っています。もし将来、仕事でアリに携わらなければならなくなったならば、助けの手を差し伸べるかもしれません。

第4章
悲しみ
大切なものとのつながりを確かめるアラーム

世界をモノクロ化してしまう「悲しみ」

大切な人との別れ、子供の独立やペットの死などの際、悲しみが襲ってきます。すると、それまで生きてきた世界とは違う、別世界に来てしまったような感じがするものです。**悲しさは、世界を色のない白黒の世界にしてしまいます。**

例えば、子供を持ちたいと強く願ってきた人が、もう自分の子供を産めないという事実に出会ったとき、それは大きな喪失であり、悲しみです。ほかにも、健康、身体、価値観など、**私たちは日々の中でさまざまなものを手放し、別れていかなければなりません。悲しみは、そのような状況にあることを教えてくれ、次に進むための道も示してくれているのです。**

悲しみは、「大切なものを失った」ときに出てくるものですから、避けがたいものです。生きていればいるほどに、悲しみとの出会いは増えていきます。

仏教の世界には生老病死という言葉があります。

人がこの世で体験する四つの苦しみを示しているのですが、生まれること、年を取ること、病気になること、死ぬこと。どれも、それまでの状況との大きな変化を体験することであり、その体験にはしばしば別れが伴うものです。

グリーフワークという取り組みがありますが、これは別れをしっかりと感じて安定した自分を取り戻すためのものです。悲しみは、必ずしも時間とともにやわらいでいくとは限らないのです。

悲しみが変化するためには、涙を流すことも必要でしょう。

人にその気持ちを理解されることが、救いになることもあるでしょう。

しかし、心の中で繊細に感じている悲しみが自分でもよく分からず、表現しきれないことで、人には分かってもらいにくいものもたくさんあります。

自分の中でも刻々と変化したり、悲しみをつかみきれないことで表現できない深い感覚は、うまく言葉にはできないため、自分の中で受け止めてそれを見守っていこうと決めることが大切になります。

どの感情も心の深いところから湧きあがるが故に、心の奥深くとのつながりを持ちます。悲しみという感情は、その側面を分かりやすく私たちに示してくれることがあります。

本当に心の奥深くに分け入るときは、自分でもそれまで知らなかった世界に入っていくようなものです。そのようなときには、心の奥深い世界を日々探求し、よく知っている専門家に力を貸してもらうことも助けになります。

悲しみを人と分かち合う

あなたに悲しみが襲ってきたとき、安心して共有できる人は思い浮かびますか？

「そんなこと感じてちゃだめだよ」

「泣かないで頑張ろうよ」

「時間が解決してくれるよ」

などと、話したときに応援はしてくれても、**その悲しみに対して批判的であったり、無関心さを示す人とは、安全な話し合いを進めることはできません。**

悲しみが大きすぎて、先に進むことができないと感じているとき、一緒にその悲しみを感じて共に過ごしてくれる人をもつことは心の回復に役立ちます。

自分の気持ちを伝えようとしたときに、その気持ちをもっていることに関心を示してくれる。

その気持ちの背景にあることを聞いてくれる。

その気持ちを感じていることが、妥当だと認めてくれる。

そして、その気持ちを一緒に感じてくれ、ときに共に涙を流してくれる。

心にある悲しみに戸惑うとき、安心してその人の前でなら泣ける、という人に、

「ちょっと話したいんだけど」

「時間が欲しいんだけど」

とお願いできるのは、素敵なことです。

ただ、忙しい日々の中で、どんなときでもじっくり話をする時間が取れる人は、あまりいないでしょう。大切な恋人や家族であっても、お互いに事前に時間を調整して、場所を確保しないとできないことも多いと思います。

現実的なことを言うようですが、時間はあっという間に過ぎてしまいます。一緒に感情を共有し合う、その魅力的な時間を大切にするために、始まりと終わりの時間を決めておくとよいでしょう。

共有し合う時間を一度もつことで、先に進みやすくなることもあるでしょうし、繰り返し、同じような時間を必要とする場合もあります。

最近は、NPO法人による同じような体験をした人たちの集まりや、思いを共有する活動やグループを必要な時期に見つけて、それらを支えにしている人もいます。

大切な人を亡くしたときのことを振り返り、「あの人は泣いてくれた」と思い出して、その人を身近に感じることもあるでしょう。自分が悲しんでいるときに、一緒にその気持ちを感じてくれた、それは自分の悲しみを分かってもらえた体験になるものです。

共に悲しむということは、人と人の間に橋を架けることなのです。

悲しみを感じてみる

悲しみを人と共有できたことで、先に進めなくなっていた気持ちが取り除かれると、次のステージに進みやすくなります。

人に分かってもらいにくい悲しみを抱えていたり、人には言いたくないという思いが強かったり、手助けをしてもらえる専門家が近くにいない場合には、「自分でその悲しみを受け止めよう」と意識的に心構えをつくっていくことも、次のステージに向かうための一つの方法です。

悲しみを受け止めるということは、その悲しみをないものとする、ということではありません。昔から、詩や歌、音楽などを通して、その悲しみに触れて涙し、「一人じゃない」ことを実感して、自らの悲しみを少しずつ浄化していった人たちはたくさんいます。

悲しみを感じることを怖れ、感じないようにしている人もいます。

自分の気持ちを見つめることで、「悲しみを感じないように、ほかの気持ちや行動に自然に置き換えている」など、無理しているところに気づける人もいます。

悲しみを感じることは、弱いことでも、敗者であることでもないのですが、それはしばしば自分が弱くなってしまったような体験と重なり、自然にそう感じてしまうことも少なくありません。

例えば、悲しみを感じないように、怒りに置き換えたばかりに、怒る必要のないことで怒って感情のコントロールがうまくできなかったり、理由も分からずに体調不良が続くような、困った状態に陥っている人もたくさんいます。

凜とした強さと優しさ

悲しみを体験してきた人、そして悲しみを自分の内に留め、付き合うことができている人には特徴があります。

それは優しさです。

過去の別れを悲しみ、それを人と分かち合い、心がえぐられて何もできなくなるような悲しみから少しずつ解き放たれて自由になった人の心の中には、過去の傷痕《きずあと》があります。

ときにその傷痕がうずくこともあるでしょう。ただ、その別れが動かしがたいものであるとき、例えば人と死に別れたというときに、その**悲しみを抱えながら生きていこうとする人たちは、悲しみに溺れず、凜《りん》とした強さを醸し出すようになります。**

《プラスの面》

・人に対して優しくなれる
・本当に親身になってくれる人との関係を深められる
・凛とした芯のある強さをもてるようになる
・次に進むための道を示してくれる

《マイナスの面》

・大切なものがある限り避けられない
・長く生きるほど悲しみとの出会いは増える
・自分が弱くなってしまったように感じてしまう

亡くなった人のことを想うことで、悲しみとともに心が温まるような感覚をもてるようになる人もいます。そして、そのような人たちは、生きている限り別れが生じ続けることを理解しており、**自分も傷つき、癒されてきた体験をもつがゆえに、人に対しても優しくなれるのです。**

価値観との別れ

人や物だけではなく、価値観との別れにも悲しみが伴う場合があります。

福島さんは完ぺき主義で、自分にも人にも求めるうえに、「これが絶対」という自分の価値観を押し付けてしまうところがあり、人間関係もうまくいっていませんでした。

しかし、性格は簡単には変わらないため、価値観は捨てられないと思う一方で、自分が完ぺきではないことにも耐えられずに苦しみ、暴れてでも何とかしようと努力してきました。福島さんは、長くそのことについて考え、向き合ってきたので、いかに完ぺき主義が自分の生活全般に影響を与えているのかに気づいていました。

完ぺき主義という価値観を手放さないと、自分も他人も苦しめ続けることに直面し、手放せるものなら手放したいとも思っていました。

福島さんは、自らを振り返り、完ぺきを求めそうな自分をなだめる取り組みを重ねた結果、今は完ぺきな自分ではなくても、耐えられるようになってきています。そして、完ぺき主義を手放そうとする決心をしたとき、福島さんが体験したのは当惑するほどに深い悲しみでした。

涙が止まらなくなったのです。

この完ぺき主義がこれまでの自分を支え、それによって頑張れてきたことをひしひしと感じたのです。

これもまた、大いなる別れだったのです。

その後の福島さんは、完ぺきを求めたくなる気持ちは出てきますが、ほどほどでよいと感じられることも増え、状況に合わせて調整できる柔軟な心を手に入れたのです。

適度な距離を保つ

さまざまな形の別れがある以上、悲しみは避けがたいことです。

ほかの感情の項でも書きましたが、思い通りにいかないことはたくさんあります。**思い通りにいかず、怒りや悲しみを感じるとき、「残念なことだ」と捉えようとするのも一つでしょう。**純粋で激しい怒りや悲しみよりも、いろいろな感情や思い通りにならないことを分かっているという理解も混じり、少しだけ受け止めやすくなります。

感情に囚われず、それでもその気持ちを受け止められる距離感の調整が大切です。

「感情はしっかりと感じることが大切」「感情をきちんと感じられたなら、その感情は通り過ぎる」と言われます。それらは正しいことではあるのですが、その**感情と適度な距離を保てるようになることも大切です。**

感情を遠くに置きすぎると、他人事のような感覚となり、やがて感じなくなってしまいます。

どうでもよいことならば、遠くに置いておいてもよいでしょうが、自分の状態を教えてくれている身近な感情は、どうでもよいものではありません。

ペットが亡くなり、家でゆっくりしていると悲しくてたまらないから、仕事や外に出かけるようにして、その気持ちから距離を取っている、という人もいます。

悲しみがあることを分かっていても、その感情に近づくとどうしようもなくなってしまうので、一時的に忙しくすることで感情に飲み込まれないようにするということは自然ですし、適切な対処でもあります。

そして、少しずつ悲しみに触れ、時間をかけて安全に薄めていくのです。

一方、**感情を近くに置きすぎると、その感情に飲み込まれ、悲しみに溺れるようになってしまいます。**先ほどの例のように、ペットがいなくなったことで、しばらく泣き暮らす人は少なくありません。一時的に強い感情と近くなり、しばらくの間はその感情とともにいることも自然ではあります。

ただ、感情の近くでそれに圧倒され続けていると、自分のことを適切にコントロールする感覚＝自己制御感が弱くなり、自分ではどうしようもない、という感覚を強くもつようになってしまうこともあります。

強い感情に気づき、少しずつその対処を重ね、感情との距離感の調整を進めていく中で、感情とうまく付き合っていけるようになります。そしてしだいに悲しみのみならず、怒りや不安など、ほかのいくつかの感情も通り過ぎていくものとして見送れるようになるのです。

「残念なことだ」という距離感、それは、近づきすぎてしまったり、離れすぎてしまったり、終わりなく揺れ続ける「やじろべえ」のようにバランスを取り続けていくものなのです。

体調も大いに関係しますし、揺らぎはずっと続くのです。それに親しみながら、人生を満喫しようではありませんか。

悲しみが心を襲ってきていることに気づいたとき、自分に問いかけてみましょう。

・その悲しみは、何に、または、どのような体験によるものか。
・その悲しみは、自分が何を大切にしているから感じているものなのか。
・悲しい気持ちに寄り添ってくれる人は誰だろうか。
・悲しみを安全にしっかり感じられる場所は、どのようなところにあるだろうか。
・悲しみが強くなるとき、弱くなるとき、その変化はどの程度か（スケーリングを参考に）。

悲しみの対処法

①スケーリング

悲しみを感じたとき、悲しみ指数を0～100点で点数をつける。自分の主観でOK。

**②悲しみに寄り添ってくれる人に援助を求める、
またはそのような人を思い浮かべる**

安全な人に時間を決めて一緒にいてくれるよう求め、慰められることで心を温める。

③誰もが体験していることだと考える

悲しみを体験しない人はいません。孤独感が強まりますから、なおさら人のことも考えてみましょう。

④支えを確認する

自分の支えを確認し、適度に悲しみから離れられることも体験していきましょう。

・悲しみに囚われすぎていないか、悲しみと少し距離を取る工夫ができないか。

悲しみは、思いやりに通じるものです。

悲しみを体験することは、その先の人生に何かそれまでとは違ったものを与えてくれるのかもしれません。

第５章

抑うつ

心のエネルギー不足を知らせるアラーム

心のエネルギーが枯渇したときに出てくる感情

抑うつは、日常の中でもしばしば出会う感情です。

年を重ねて、何かをしたあとに、「よっこいしょ、あぁ疲れた」と言うときに感じる些細なものはその萌芽《ほうが》だったりします。これは、**気持ちが疲れて回復していないときに出てくる感情**とも言えるでしょう。

多くの人は、一休みして回復したなら、次の行動に進むのですが、**疲れてエネルギーが湧《わ》かないときに、そのことに気づいていないと危険です。**

つまり**抑うつは、心のエネルギー不足を表す大切なアラームです。**

働いている人のうつ病を専門に診ているある医師は、「**うつは心の骨折だ**」と言っていました。

骨折だから動かしてはダメだし、動けないのは当然のことだよ、というメッセージを届けるのに役立っているようです。骨折という外傷になぞらえたのも、負荷がかかりすぎる環境の影響でそのようになってしまうことを示していて、うまい表現だと思います。

一方、私のような心理士の立場からは、心の回復が自然に進まなくなってしまった要因が心や日常の態度の中に見出せるかを確かめ、何か見つかればその要因を取り除くために話し合い、対処法を定めて心の回復を進め、かつ再発を防いでいきます。

実際に、心のエネルギーが枯渇して弱ってしまうと、心は与えられたエネルギーを受け止める力が弱り、その補給が難しくなってしまいます。

うつ病に限らず、エネルギーが枯渇する寸前で抑うつ状態に陥って動けなくなることは日常の中でもあります。そのような自らの状態、「このままいくとまずいだろうな」と気づいたときは意識的に休息を取ることが大切です。

そこで休息を取らずに頑張ってしまうと、動かなくてはいけないと思っても身体が動かず、動かせる気がしないという状態にまで陥ってしまうのです。

心のエネルギーがないと、心も身体も動かせず、普段できていることすらできなくなってしまいます。

エネルギーの残量に気づく

人によって差はありますが、多くの人は一日の仕事や勉強で疲れても、ゆっくりと夕食を取り、少し自分の好きなことをして、のんびりしてから眠る。そのような繰り返しで、身体の回復は進みます。運動するときも水分補給や休憩を適切に入れることで、疲れは回復し、それを繰り返すことで、持久力もついてくるでしょう。

心も同じです。

アスリートは、とことん自分を追い詰めることで、心身のエネルギーのタンクの容量を大きくしていきます。それには、適切なサポートが必要であり、無闇に自分で取り組んでも、すぐに限界がきてしまうでしょう。

抑うつがエネルギー不足を示していると考えると、まず大事になるのは、エネルギーの残量に気が付く習慣をもつことです。

「元気が湧かない」

「エネルギーが出ない」
「気力がなくなった」
「動きたくない」
「動けない」
「どうしようもない」
「どうしてよいのか分からない」

このような言葉が出てきて、心のエネルギーが減ってきたとき、つまり、心の栄養が減り、黄色信号が灯っていることに気づくことが大切です。

そして、黄色信号に気づいたとき、

「もっとできるはず」
「こんなことで参っている自分は情けない」
「自分なら何とかやり切れるはず」

などと言って、**赤信号になるまで突っ走らないことです。**

車を走らせているとき、信号が黄色になったら、「もっとスピードを出していれば通り抜けられたはずなのに」と悔やむのではなくて、ただ止まるだけでよいのです。

まずは、抑うつという感情が教えてくれる状態を、そのまま受け止められるとよいのです。

休息や楽しみが栄養補給

抑うつを感じたとき、あなたはどのような対策をしているでしょうか？　もちろん、抑うつの強弱にもよりますが……。

抑うつが小さいときには、

「一休みしようか」

「まぁいいか」

「深呼吸だ」

「ストレッチをしよう」

などと考え、一休みしてお茶を飲んだり、少し身体を動かしたりすることで、固まりつつあった心や身体がほぐれます。このようなリラックスする時間を通して回復を促している人は少なくないでしょう。その回復を実感することも自分の心に対する信頼感を育ててい

《プラスの面》

・心のエネルギーが減っていることを教えてくれる
・活動レベルを低下させることで、回復に寄与する
・回復の実感とともに心への信頼感を教えてくれる

《マイナスの面》

・エネルギーが湧かなくなってしまう
・眠れなくなってしまう
・自分を追い詰めてしまうなど、悪循環に陥ってしまう

くことにつながり、大切なことなのです。

日々の生活の中で抑うつが大きくなってくると、

「好きな本を読んだり、映画を見たりなど好きなことをする」

「何も考えなくてよいパズルなどで遊ぶ」

「親しい人とお酒を飲みながら対話を楽しむ」

「少し先が楽しみなことを計画する」

など、自分にとってより楽しみを感じられることに触れて、栄養を補給して、回復に努める人は多いでしょう。単に「楽しみだから」ということもあるでしょうが、それがいいのです。

抑うつが強くなってくると、しっかりと睡眠を取ることが大切です。

眠れない場合には、じっと静かに横になるということもありです。瞑想なども効果が高いのですが、普段からの実践が必要になります。

助けを求める

抑うつ状態からの回復のために自分でできることはたくさんありますが、**ほかの人との交わりも回復しやすい心と身体をつくってくれます。**

自律神経という言葉を聞いたことがある人は多いでしょう。それは、力を入れて取り組むときに活性化する交感神経と、穏やかに力を抜いてリラックスしたときに活性化する副交感神経があります。

ステファン・W・ポージェス（一九四五〜）という神経学者は、生き物の神経系の発達を踏まえて、ポリヴェーガル理論というものを提唱しています。その理論によると、生き物の自律神経で最初に誕生した神経は、副交感神経の一つ、背側《はいそく》迷走神経です。これは、危機に直面したときに、身体の機能を止めて仮死状態にします。

次に誕生した神経は、交感神経です。これは、闘争―逃走反応を促すように、激しい行動や対応を促進します。危機に直面したときに、それに向かって戦いを挑むか、その脅威が大きすぎると判断した場合には逃げ出すのです。

自律神経で最後に登場したのは、もう一つの副交感神経である腹側《ふくそく》迷走神経です。危機にさらされたとき、ほかの人、または犬や猫などのペットなどでもよいのですが、ほかの存在を感じることで力づけられるのです。そしてその安らぎの中でエネルギーを回復させていくのです。悲しみの感情の項で述べた、分かってくれる他者の存在が支えになることと重なります。

リラックスして穏やかに楽しんだり、ゆっくりと回復を感じる時間はとても大切ですが、人に助けを求めることがうまくなると回復はさらにスムーズになります。

厚生労働省は、働く人のメンタルヘルスのための取り組みで、四つのケアがあることを示しています（「職場における心の健康づくり～労働者の心の健康の保持増進のための指針～」を参照）。

一つ目は、ストレスに自分で気づき、調整しようとするセルフケアです。自分の心は自分で守るしかないのですから、これは本当に大切です。

二つ目は、業務環境や業務量を調整したり改善するための上司によるサポート、ラインケアです。個人の性格にもよるでしょうが、業務量や環境などは、個人の裁量を超える部分もあり、職場による理解と調整が必要になるのです。

三つ目は、職場にいる保健師、産業医、メンタルヘルス推進担当者など、職場にいるメンタル支援に詳しい人たちに支援を求めることです。職場にいる専門家たちは、職場におけるメンタルヘルスの取り組みなどを具体的に進めることに尽力しています。上司にすぐに言えないとき、または人にはなかなか相談しにくいとき、さらには取り組みがうまく進まないときにも助けになってくれます。

最後の四つ目は、職場外にいるたくさんの専門家たちや組織などを利用した支援を活用することを提案しています。これにはさまざまなものがありますから、うまく活用したいものです。

これらの四つを簡単に言えば、自分で気づいて心と身体の回復に努める、周りの人とも支え合い、特に立場が上の人は影響力が大きいので配慮を怠らず、そして、社内外の人や資源（人や組織、制度などのリソース）をよく知って、使っていこうということです。

ちょっと困ったなぁと思ったときに、うまく助けを求めることはとても大切なことです。苦しくなったときに、「自分は大丈夫」と言い聞かせてしまう人も多いので、セルフケアのためにも普段から何かあったら相談できる人と場所は確保しておきましょう。

自分と仲良くなる

抑うつは、心のエネルギーの黄色信号だと書きましたが、もう一つ伝えておきたいことがあります。

抑うつが生じる原因の一つに、心の厳しい声が影響している場合があるのです。

「きちんとしなければならない」
「人に好かれないといけない」
「失敗してはいけない」
「油断してはいけない」
「始めたら最後までやり遂げないといけない」
「完ぺきを追求しなければならない」

などいろいろなものがあり、人によって少しずつ異なります。これらの心のつぶやきは、ほとんどが習慣になっていて、その人の行動基準にもなっています。

人は多かれ少なかれ、考え方や感じ方につながる心のつぶやきや行動のクセをもっています。それらが特定の状況という轍《わだち》にスポッとはまってしまうと、空回りする悪循環に陥ってしまうように、エネルギーが尽きるまで止まれなくなってしまうことがあります。自分を追い詰めるのみならず、周囲の人をも追い詰めて、抑うつ状態にしてしまう場合もあります。

以前、クリニックでお会いした宮城さんのお話をしましょう。うつ病で休職になった経験のある宮城さんは、残念ながら再び調子を崩され、再休職してクリニックにやってきました。そこで、あらためてうつ病になったきっかけをお伺いしました。

人間関係をとても大切にする宮城さんですが、

「職場の山口さんのせいで、調子を崩してしまったんです。山口さんは挨拶もしないし、人に頼まれたこともやらないのに、人に迷惑ばかりかけていて、問題なんです。みんな、山口さんに困っているんです」

と言われます。

「宮城さんは、山口さんのせいで調子を崩したと言われますが、職場のみなさんも同じように山口さんとの関係がストレスで、調子を崩していったんですか？」

「みんなはそうでもありませんけど、私は仕事中も山口さんをフォローして、最後は夢の中でも山口さんのことで悩まされてきたんですよ……」

　話が進み、少し空気が和んできたところで、

「山口さんを夢に登場させてしまったら、山口さんに出演料は払わなくていいのかな？」

といった軽口に対して、宮城さんは少しずつ自分のクセに気づいてきたようです。

　最後には、宮城さんは自ら、

「あぁ、またやってしまった。私の『人に対して親切にしなければいけない』というルールが自分を追い込んでしまっていたんですね……」

と気づかれました。

　その後、少し時間はかかりましたが、そのルールがいかに自分を縛ってきたのか、丁寧

に理解を広げていきました。そして、そのルール自体は大切にしつつ、人に親切にしながらも、自分や人に対して追い詰めすぎない柔軟さをもって、状況や状態に合わせて臨機応変に対応できる態度を身につけていったのです。

その結果、無事に復職し、その後は継続して勤めることができています。

自分の中にあるルールを整理する

私たちは、ルールや思い込みといったものを、必ずと言ってよいほどもっています。

そのいくつかは、長年にわたって考え方や行動のパターンとして磨き上げられ、自分の生きるうえでの美学とでもいうほどの大切なものとして結実している場合もあります。先ほどの宮城さんの「人に親切にする」というのもその一つです。それらを問題としてなくすのではなく、意識することで柔らかくもてるようにしていけばよいのです。

自分が大切にしていきたいことを、大切にしようと取り組めているとき、それは自分を肯定する気持ちにつながります。ただ、そのルールを理想的に非現実的なレベルで適用してしまうと、自分を追い詰め、自分のエネルギーを内から奪ってしまいます。その状態が継続することにより、抑うつ状態になってしまうのです。

自分の中にあるルールを明らかにして、それが硬直している場合には、認知行動療法という適度な調整力を加えて柔軟にしていく取り組みがあります。関心がある方は、拙著『マンガでやさしくわかる認知行動療法』（日本能率協会マネジメントセンター）もご覧いただければ幸いです。

抑うつに気が付き、それを書き出してみるなど、少し客観的に捉えることができたときは、次のように自分に問いかけてみましょう。

・頑張りすぎてはいなかったか。
・少し前に、「このままではまずいかな」と気が付いていたけれど、スルーしていたのではないか。
・楽しい時間をもつなど、気分転換はきちんとできていたか。

抑うつの対処法

①スケーリング

抑うつを感じたとき、エネルギーがどれくらい残っているか指数を0～100点で点数をつける。自分の主観でOK。

②しっかり睡眠を取る

心と身体を温めて、休息してください。

③自己批判的な考えがないか確認する

自己批判的思考は、エネルギーを消耗させます。

④リラックスしたり、穏やかに楽しむ

心や身体の回復が感じられてきたら、少しずついつもと違うことや、楽しいことに触れていきましょう。

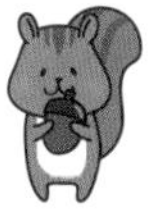

・疲れすぎたときには、遊ぶのではなくて、きちんと休んでいたか。
・いつも「とことんやる」「やるしかない」というワンパターンに陥っていないか。
・自分を批判的に追い詰めるような、偏った考え方をしていなかったか。
・早めに「助けて」と言うことができるか。
・正しい、間違っているという理屈の戦いに陥っていなかったか。
・自分のことを大切にしようと思えていたか。

第6章

寂しさ

絶対的な欠如を知らせるアラーム

絶対的欠如を示す感情

あなたはどんなときに寂しさを感じますか？　そしてどんな行動を取りますか？「寂しいなんて私らしくない感情だ」などと考えて、寂しさを感じないように、お酒を飲んだり、友達を集めてバカ騒ぎをしてごまかす人もいるでしょう。

寂しさとは、孤独の自覚でもあります。

孤独は、幅広い概念であり、人の行動に大きく影響を及ぼします。孤独や寂しさは、怒りや不安、悲しみや抑うつなど、ほかの感情のきっかけになることも多いのです。

人は、ほかの人や生き物との交流を通して、自分を落ち着かせる神経をもっていることは先に触れました。

寂しさを感じるのは、孤独で落ち着かなくなっているとき、つまり、ほかの存在を欲しているというサインなのです。

あなたの心の中に、あなたの心を温めてくれる人を住まわせることができているでしょうか？

日本には、侘《わ》び寂《さ》びという独特の美意識があります。

辞書によれば、侘びは、動詞「わぶ」の名詞形であり、①わびしいこと。思いわずらうこと、悲しみなげくこと ②俳諧・茶道の精神で、落ち着いて、静かで質素なおもむき。閑寂《かんじゃく》、とあります。

寂びは、動詞「さぶ」の名詞形で、日本の古典芸術の代表的な美の一つ。現象としての渋さと、それにまつわる寂しさとの複合美。無常観や孤独感を背景として、和歌・連歌・茶など、ジャンルを超えて重んぜられた、とあります。

つまり、侘び寂びとは、貧しさや思い通りにならないこと、寂しいことの中に深い普遍的で変わらないものを見出し、それを楽しもうとするような心の姿勢であったり、無常観や枯れていくものの中に美しさを見出そうとする意識とも言えるでしょう。

そのように考えると、日本人は寂しさを大切にしてきたのです。

文化の違いという視点から考えると、パーティー好きなアメリカ人は、寂しがり屋だという自覚とともに、その対処も異なっているのかもしれません。

いつも周りの目を気にしている日本人にとって、パーティーは、寂しいどころではなくてうっとうしいぐらいなのかもしれません。人がいれば寂しさがなくなるというわけでもないのです。日本人は、寂しさを認めるというよりも、そのものを良いものと見なして受け入れようとするところが大きいのかもしれません。

次に、心理学の立場から寂しさ（孤独）について考えてみましょう。

マーガレット・マーラー（一八九七〜一九八五）という心理学者は、乳幼児が自らを母親とは別の存在、独立した存在として誕生していく過程を、「分離個体化過程」という理論でまとめています。

それによると、人が母親のおなかの中から出てきたばかりのときには、まだ心理的には誕生していません。時間とともに、主に母親との交流を経て世界や他者を認識し、しだいにそれらと自分が別のものだと認識できるようになっていくようです。

そして、感じていることを意識したり考えることで、心が誕生していくのです。

この心理的出産は、一人でいることが自然でよいことだ、という感覚につながっていきます。

「一人でいる能力」、それは「寂しさに耐えられる能力」とも言い換えることができるでしょう。

このように考えると、**寂しさは誰もが感じる普遍的な感情です。「あるはずのものが、ない」という絶対的な欠如を示す感情なのです。**

あるはずの肌の感覚の喪失、それはもう赤ん坊のようには抱かれることがないということなのです。記憶にはなくても、赤ん坊のころに体験した、母親に抱かれた潜在的な記憶を求めていると言えるかもしれません。

それをリアルに掘り下げて想像してみると、本当に寂しく、悲しく、言葉に言い表せないほどの感覚かもしれません。それでも、大人になって赤ん坊のように母親に抱かれることを求めるのは不自然ですから、そのような感覚は多くの人が自然に乗り越えているものなのです。

幼い子供は、抱きしめてもらって安心することを求めます。

そして、成長に従って、抱きしめられ方が変わっていきます。周りはしだいに温かい目で抱きしめ、温かい心で抱きしめていきます。それを経験した子供は、だんだんと抱きしめてくれた相手を心の中に住まわせることができるようになり、その感覚に慣れて、一人でいられるようになるのです。

さらに、自分が人にそのような温かさをあげられるようになることで、寂しさが埋まっていくことも体験できるようになります。

寂しさは誰もがもつ

人は、意識をもつことで、寂しさという欠如の感覚をもっていることに気づいていきます。過去の体験が、脳の中に記憶されているからです。

では、抱きしめられた体験がなければ、人は寂しさを感じないのでしょうか？

確かに、寂しさという感情として認識されることはないかもしれません。しかし、寂しさを感じない、つまり欠如の感覚を感じないことで、穏やかになるわけではありません。

人と比較することで、得られるはずのものを得られなかった、または自分は心が温まらないなどと欠如の感覚を感じるようになるのかもしれません。それは、とても大きな満たされない感覚、つまり寂しさにつながっていくのでしょう。

このようなことは、人が人を求めているという事実の裏返しであり、**寂しさは人の温かさを求める健全な気持ちなのです。**ですから、寂しさを感じることを過剰に怖れることはありません。

もう一つ付け加えておくと、**寂しさは「囚われやすい」感情です。**世の中には、一匹狼的でアウトローな人（社会からはみ出した人）にもそういう人がいるでしょうし、誰も私のことなんて分かってくれないと、被害者意識に囚われてしまう人もいます。

感情の存在を感じて見つめるのは大切ですが、その感情に囚われてしまうと大変です。心から離れられなくなった寂しさは、人との関係や、普段の態度などにも影響を与え、強く行動を固定してしまうものなのです。

心を満たしてくれるもの・つながりを感じさせるもの

あなたが帰る場所に、ホッとさせてくれる人はいるでしょうか？
帰る場所ではなくても、ホッとさせてくれる人がいる場所がありますか？

お互いによく知っている人である必要はありません。いつも道でなんとなく会釈《えしゃく》をするだけなのに、その人の存在を確認するとなんだかホッとする、ということもあります。

ずいぶん昔のことですが、大学生のころにしていたアルバイトで、ひたすら暑い夏の日ざしの中、ずっと続く住宅街の一軒一軒のポストにチラシを入れていたことがあります。なかなか大変な仕事で、気持ちの余裕がなくなりそうだったとき、ある家の窓から小さい子供が手を振ってくれているのに気づきました。

それはまるでオアシスを見出したような癒される感覚でした。実際、それから何十年もたっているのですが、助かったなぁという気持ちとともに思い出せるくらいです。

濃い関係だから安心するとも言い切れず、薄くても安心できる場合もあるのです。

あるいは、人である必要もないかもしれません。

家で飼っているメダカを見つめ、話をしているわけではないけれども一緒にぼんやりと時間を過ごす人もいるでしょう。私も気持ちの余裕がないときに、ふと入ったペットショップでイソギンチャクに見入ったところ、心が落ち着く時間をもらいました。

わが家でも、数年前の子供の誕生日に文鳥が来て以来、子供はその文鳥との交流をホッ

《プラスの面》

・人との温かいつながりをもとうとする力になる
・親密感とともに体験することで、人の成長を促してくれる
・自分の支えを増やしてくれる

《マイナスの面》

・誰もが感じるが、耐え難い孤独となることがある
・誰も私のことを分かってくれない、と寂しさに酔いやすい
・寂しさを埋めるための不適切な行動パターンに陥りやすい

とするひとときの一つにしているようです。

そんなものはない、誰ともつながりはもてない、と力が抜けなくなってしまうことがあるかもしれません。

街に出ると傷つくこともありますが、店員さんとの会話、映画館で皆と一緒に同じものを見ている感覚の共有、野球観戦で同じチームを応援する仲間意識、人のほほ笑み、どれもうっすらとしたものかもしれませんが、人は人に何の利害関係もなく温かさを届けてくれています。

人とのちょっとした交流に心が癒されることもあります。 そのような交流を意識的に増やしてみてください。

そうした**何気ない日常に気づくと、寂しさは少しずつ薄れていくものです。**

寂しさの大きさ、「大人の寂しさ」「無限の寂しさ」

寂しさには、大きさがあります。

豆粒のような小さい寂しさから、ブラックホールに吸い込まれてしまうような大きなものまであります。

大きな寂しさを受け止めるには、大きな心の力を必要とするでしょう。そんなとき、同じような体験をしている他者の存在を知ることは、解決策の一つになります。

受け止められないほどの大きな寂しさを埋めるために、過食や買い物、または人との距離感をうまく取れずに問題行動を続け、そこから逃れられない人もいます。

寂しさに圧倒されている感覚が大きすぎて、それを寂しさではなく、居ても立ってもいられないという感覚でしか表現できないことも多いのです。

それは、このところ少し一人が続いたな、ちょっとつらいけど一時的なものとして耐えられる、という「大人の寂しさ」と私が呼ぶようなものではありません。

子供のころから寂しさを感じてきた人の中には、侘び寂びの美学として心の中に定め、その体験をバネに力を発揮する人もいます。

できるかぎりいろいろなものをそぎ落として、最後に残る本質に迫ろうとするような、鬼気迫る探求心を示す人もいます。

子供のころから厳しい環境で過ごし、過去の自分を大嫌いな人がいるかもしれません。そのような人は、しばしば大きな寂しさを抱えています。

寂しさは、人とのつながりのみならず、自分とのつながりが必要なことも教えてくれます。

そして、大きな寂しさも時間をかけて少しずつ埋めていき、自分の周りや心の中にいろいろな支えを見つけていくことで、大人の寂しさに変わっていきます。

やはり寂しさは、人との出会いを必要としているという大切なアラームなのです。

寂しさはごまかさずそのまま受け止めるのも一手

寂しさというアラームに気づきながら、適切に対処できないことは、実はたいへん危険です。

人は大きな寂しさに囚われ、「私には誰もいない」と頑なに思い込むようになると、とても不安定な状態になります。そのようなときには、周りの人とうまく話すこともできなくなっているでしょう。
マスコミなどではあまり取り上げられてはいませんが、世間をにぎわす凄惨な事件の裏を探っていくと、その犯人とされる人の心の中には、しばしば大きな埋められない寂しさを見出せることがあるのです。

宮沢賢治に次のような詩があります。

もうけつしてさびしくはない
なんべんさびしくないと云つたとこで
またさびしくなるのはきまつてゐる
けれどもここはこれでいいのだ
すべてさびしさと悲傷《ひしょう》とを焚《た》いて
ひとはとうめいな軌道をすすむ
（「小岩井農場」）

賢治の言葉は、私にはまぎらわすことのできない寂しさを伝えているように感じられます。

寂しさを表面的にごまかすことはできても、何らかの形で戻ってきます。ただ、そんなものなのです。賢治は、それを共有しながら教えてくれている気もします。

寂しさを克服するのではなく、寂しさをなくすのではなく、寂しさに溺《おぼ》れるのではなく、寂しさによって自己憐憫《じこれんびん》に陥るのではなく、寂しさによって問題を起こすのではなく、人は寂しいものなのだと。

そして寂しくても、寂しい人同士が出会って　ちょっと寂しさが和らぐのを感じられて、そして、やはり寂しいけれど大丈夫になるとよいのかもしれません。

寂しさに気づいたとき、自分に問いかけてみましょう。

- 寂しさの波は、強いときと弱いときがあるか。
- 寂しさを埋めてくれる温かさと、埋めてはくれないけれどもごまかせるものとの違いは何か。
- 寂しさを、後悔するような別の行動で紛らわしていないか。

・寂しさは、多くの感情や行動のきっかけになっている。寂しいとき、どのようにしてその気持ちをやり過ごしているか。どれくらい選択肢があるか。

事例　食べることで寂しさを埋めていた女性

金沢さんは、三十代の女性です。忙しい仕事の中でも、いつも笑顔でムードメーカーのような存在です。ただ、ときどき無性にむちゃ食いをしたくなる衝動が止められず、それは自分でもコントロールできないこと、と諦めていました。

自ら心理相談を求めるほどの意識はなかったものの、会社で入社何年目の人はカウンセリングを受ける、という取り組みの一環として相談室を訪ねてきました。

その中では、仕事が楽しく感じられないこと、本当は気持ちが不安定になることがあることを話されました。

金沢さんは、不安定ながらも立派に自分の舵取りをしていることを確認しました。

そして、その舵取りを少し改善するヒントをいくつかお伝えすると、それを参考に自分でいろいろと実験的に取り組むようになり、もうしばらく相談を継続することになりました。

　昔から自分の本心を打ち明けることが苦手で、伝えることをせずに人に合わせてきた結果、自分のことを人に分かってもらうことに留まらず、「自分がどうしたいのか」が自分でも分かりにくくなっていました。

　自分の内から湧き上がる自然な感情に寄り添っていない日々は、もやもやとした満たされない思い、どうしてよいのか分からない不安定感につながっていたのです。それこそが寂しさであり、食べるという行動で紛らわしていたのです。

　そして、笑顔でいることはとても素敵なことだけれど、人に合わせすぎなくてもよいこと、相手の気分が今一つのときも自分のせいだと思わなくてもよいことなど、人との距離感を少しずつ見出していきました。

　人の観察を始めてみると、「みんな、あまり私のこと気にしていないのかもしれません。というか、みんな結構自分勝手ですよね。すごく気を遣ってくれて本当に味方だ、って思える人もいるんですけど、どちらでもないような人が多いですよね」などと観察結果を参考に、自分の行動を修正していったのです。
それとともに、しだいにむちゃ食いをしたくなる衝動が抑えられていきました。

以下は、数回目の相談の一場面です。

玉井：金沢さんが感じているという寂しさは、昔からずっと続いているんですね。
金沢：ええ。前から子供のころの自分が勝手に思い出されて、そうなると苦しくて胸が締め付けられるような感じになって、どうしてよいのか分からなくなるんですよね。
玉井：そうでしたか。それはご苦労されてきたんですね。ちなみに、子供のころのことは、何歳ぐらいのときのことが頭に浮かぶんですか。
金沢：小学校高学年ぐらいでしょうか。私が言いたいことを誰も聞いてくれなかったから。あんな嫌なことがあったのに。
玉井：そうなんですね。その話をしたら、お母さんは「そんなことはない」とその事実を否定したんでしたよね。それはつらかったですよね。
金沢：ええ。

玉井：そうすると、もう二十年近く、その当時の金沢さんの気持ちは、ずっと抑え込まれたままなんですね。その気持ちをしっかりと受け止めてあげて、イメージの中にいる子供の金沢さんの気持ちをなだめてあげたいですね。

金沢：はい。

金沢さんとの話が展開していく中で、今の寂しさが、実は過去から続いてきたことが明らかになり、ずっと抱えてきた気持ちを整理するという作業を進めていったのです。

金沢さんは、少しずつ寂しさのイメージが変化していく中で、無理に笑顔でいなくても以前より人と温かいつながりを感じられるようになりました。

「こんな自分でいいんだなぁって、思えるんです」と、心の中の奥深い場所にある温かさに触れられるようになったことで、冷えた心が温め直されるように感じたようです。

寂しさは、人の誕生とともに生じるほどに、避けがたい感情です。人は、一人では生きていけないのですから。

寂しさの対処法

①人とのちょっとした交流を増やす

淡々としたものでもよいので、ほかの人が出入りする場所に自分も身を置いたり、つながりを感じられる行動を増やしてみましょう。

②寂しいときに取っている対処法を意識する

自分にとって役に立つ対処と、後悔するような悪循環をつくる対処がないか、確認しましょう。

③自分の支えとなっているものを認識する

一人でいられる能力も大切ですが、自分が大切にしているもの、自分の支えも確かめてみましょう。支えは、生きていくためには大切です。

④安心・安全な人との関係を増やす

心を通わせることができる人との関係は、人生の宝物であり、支えになります。

別に、寂しさを好きになる必要はありません。

浸りすぎる必要もありません。

ただ、そのような感情がある、ということなのです。

そして、その寂しさをじっくりと味わえるようになると、人生も味わい深くなっていきます。

本当に丁寧にゆっくりとその感情を辿っていくと、心の奥深くに素敵なものを見出すことができるかもしれません。

第7章 罪悪感

思いやり・過剰な自己責任のアラーム

人間関係を良くするために働く感情

罪悪感は感情ですが、それは自分の考え方に導かれたものです。その考え方は、多くの場合、それまでの経験に影響を受けています。小さいころからの親子関係が、最も大きな影響を与えているでしょう。

「自分が悪い」
「自分が悪いのかも」
「自分が悪いのかな」

その程度はさまざまですが、自分が悪いと感じることで、重たい気持ちになるものです。**何かトラブルがあったときに、自分に引き寄せて考えてみる内省力は大切です。ただ、その力が強すぎて自分が負う必要のない責任を負っているのであれば、それは問題を生み出します。**

約束が守られなかったなどの何かのトラブルを原因として、二者間で対立することがあります。

それをきっかけに生じたさまざまな気持ちを、自分のこととして引き受けるか、すべて相手のせいにするのか、それとも喧嘩両成敗という言葉があるように、お互いに少しずつ引き取り、その経験から学ぼうとするのか、なかなか難しいところです。

罪悪感は、お互いの関係を良くするために働いてくれる部分があります。

「これが正解である」という明解な答えはないのですが、次は良い形をつくりたいと、思いやり合って成長していこうとしたり、「やじろべえ」が揺れながら適度なバランスをとっていくような態度が大切になります。

つまり、**罪悪感は人との良い関係を維持するために、お互いに調節し合うためのアラームになってくれているのです。**

「あなたのせいで」と言われ続けてきた子供

小さいころから、親などの養育者から、

「あなたのせいだよ」

「あなたのせいでこうなったんだからね。分かっているの」
「あなたがいるせいで私は不幸なんだ」
というような言葉を投げられ続けてきた人の話を、心理カウンセリングの場でよく耳にします。

親自身が、自分の責任を取れないから、その責任を子供になすりつけているのです。子供はなすすべを知りませんから、ただ「私が悪いんだ」と思うだけです。そうすることで丸く収まるのですから。

何の責任？　と考えると、親が不幸そうなこと、不快な気持ちをもっていること、などでしょうか。

そのような大人たちは、人に罪悪感を植え付けるのが得意です。

このような場面では、罪悪感はお互いの関係を良くするために、といったバランスを欠き、片方がすべて悪くて、片方はまったく悪くないという形になってしまうので、罪悪感を抱く側にとっては、不要な重しにしかなっていないのです。

また、**人から責任を押し付けられて責められてきた人は、負わなくてもよい責任を負う**

ことをクセとして身につけていることが多いのです。

その結果、明らかに相手の問題であるのに、その責任まで積極的に負うような態度を取ってしまいます。そして、ただただ自分を責め続け、不要な罪悪感で心を病んでしまうのです。

規範の一線を越えるときに鳴らされる警告

罪悪感は、自分の言動が、自ら定めている態度に反してしまったと考えたときに生じる感情です。規範の一線を越えているよ、というアラームとして機能するのです。

もう一つ罪悪感の特徴を述べておきましょう。

それは環境によって左右されるということ、つまり、一人でいるか集団でいるかの違いです。「赤信号、みんなで渡れば怖くない」に示されているように、一人のときと集団になったときでは、自らが従うルールが変わってしまうのです。

これは、集団心理の研究で明らかになっています。

多人数だから押し通せるだろう、またはより強く人の目を気にして行動が変わるというように、集団心理の影響を受けてしまうのです。

謝る・許すの難しさ

罪悪感は、重たく苦しいものです。

悪いなと思ったときに、できるだけ率直に「ごめんなさい」と伝えられると、すっきりします。その謝罪を相手が受け入れて「いいよ」と許してくれたら、そこからお互いに歩み寄って振り返ることもできるでしょう。

「今回は私のここが悪かったね」

「私もこうしたほうが良かったのかな」

このような話ができると、ますます関係は深まっていきます。

罪悪感が重すぎて、「ごめんなさい」が言えなくなってしまう人がいます。

また、相手のちょっとした態度が気になり、注意したいけれども気軽に言えないため、自分が悪いわけではないのに「悪いな」と思ってぎくしゃくしてしまう人もいます。罪悪感を軽く感じられるようになる練習は大切です。そのことについてはあとで触れましょう。

ちょっとした失敗をして相手に迷惑をかけてしまい、すぐに「ごめんなさい」と伝えても、相手が許してくれないこともあります。そんなときには、相手の気持ちを察して、しばらく時間を置くしかないかもしれません。相手も、許したくても怒ってしまった気持ちがすぐに収まらないから、時間が必要だということもあるでしょう。

また、謝られても、何が何でも許さない、という人もいます。

それはその方の姿勢ですから、自分が適切に謝罪を伝え、もし与えてしまった被害があった場合、それに対するフォローができたのであれば、できることはそこまでです。

「相手が死んでも許せない」という考えから離れられず、苦しくなっている人もいます。

そのような人たちは、過去に理不尽な事件に巻き込まれたりしたなど、「許すことができない」体験をもっていたり、罪悪感をたくさん植え付けられてきた人や、長く相手のサポートをし続けて本当に自分がしたいことができてこなかったことを恨みに感じてしまった人、そして、温かく思いやり合う体験をもつことができずに苦しんできた人たちに多いようです。

過去のたくさんの苦しみが重たく片付かないので、それを目の前のちょっとした失敗の上に処理できなかった感情を乗せてしまうのです。

許すことが苦手だという自覚がある人は、自分の権利意識に振り回されて苦しみが続く可能性がありますから、注意が必要です。

また、謝るほうも、相手の過去の不全感を受け止めるのは無理ですし、その必要もありません。相手を満足させるまで無限の責任を負うのはおかしいのです。

被害意識からの回復は他者の態度によって溜飲を下げるのではなく、自らの心の姿勢として見出せるようになることが望ましいのです。

人からの手助けが役立つこともありますが、手助けが過ぎると過保護になりますから、自力と他力、どちらもその兼ね合いが大切です。

《プラスの面》

・物事を振り返り、自分に引き寄せて考える力となる
・人との良い関係を維持するために役立つ
・自分のルールや規範を指し示し、現状を教えてくれる

《マイナスの面》

・自分が負う必要のない責任を引き受けてしまう
・極端な自己否定に陥り、重たい気持ちになる
・自他の責任のバランスが見出せなくなり不安定になる

抑圧された罪悪感を示す人について

罪悪感を強く感じやすい人が、ある場面ではまったく罪悪感がなくなることもあります。**「私は悪くない」「相手が悪い」と10対0で考えてしまっているときには、少し注意してください。**罪悪感を抑え込んでしまうので、気持ちが軽いようにも見えますが、人に対して冷淡さを感じさせてしまいます。罪悪感が、人との協調に関わるのと対極にあるとも言えます。

両極端の間、つまりバランスの取れた落ち着きどころを見つけていくことが大切です。

過去に、だれかにひどい目にあわされたことがあると、その人に対して警戒心が強まり、距離を取ることで自分を守ろうとするでしょう。

そのような場合、知らず知らずに「私は悪くない」といった考えになります。それは自然なことです。ただ、そのような反応をしている自分に気が付いておきましょう。意識化しておくことで、別の人との関係に影響を及ぼさないようにできます。

「相手が悪い」という考えが強くなっているときには、不思議なほど人と協調できなくなることがありますから。

罪悪感への対処法

罪悪感をもちやすい人は、まず自分が罪悪感をもっている状況を冷静に振り返ることから始めるとよいでしょう。

そのために、**まずは「問題があったときに、すべて私が悪いということはない」という姿勢で、物事を見るように意識してみましょう。**

そのうえで、問題の原因を書き出すなど、客観的に見る練習をしてみましょう。

人に話を聞いてもらうことで客観的になろうとする人もいますが、聞いてくれる人が「あなたは悪くないよ」と気持ちを和らげることに力を貸してくれるあまり、かえって客観的に見られなくなったり、「前向きに考えなよ」とのコメントにプレッシャーを感じ、逆に追い詰められてしまうこともあるので、最後は自分の練習であるといえます。

これを進めていくと、「自分が悪い」という考えがいかにさまざまな領域に影響を与えているのかが、本当によく見えてくるようになります。

次のステップは、**自分が悪かったと思うところをはっきりさせて、それを相手に伝えるのです。**「ここは私が悪かったと理解して、受け止めたところです」という表明となります。

そのことを伝えるタイミングや場所の選択も大切です。

一方的に伝えるだけではなく、伝えたときに、相手が話したくなっているかもしれないので、相手の言い分や認識に耳を傾けることも大切でしょう。

「許さない」と重ねて言い続けてくる人に対しては、「今の気持ちはこうです」と誠実に伝え、そのうえで離れるのは仕方のないことでしょう。

相手に自分の気持ちや謝罪の言葉、現状の理解を伝え、また相手から伝えられたときには、最後はお互いに「ありがとう」と感謝で終われるとよいですね。

伝えることには、勇気がいります。伝えられる側も、忍耐が必要なこともあります。

お互いにその場に一緒にとどまり、お互いの成長と次の関係のために、ねぎらい合うことは大切です。

過去の出来事から、もうその人とは会うことがない、ということもあるでしょう。謝罪を伝えることはできませんし、あらためて良い関係を構築することもできません。そのような場合、相手をイメージしてお手紙を書いて心の中でそれを相手に伝えようと取り組む人もいます。面と向かって話すことはできなくても、相手に気持ちを届けようとする心の実践は、現在の自分の態度をやわらげていく土台になるのです。

ここまで述べてきたような取り組みを丁寧に行っていくことで、さまざまなことに対する心構えができていきます。

それは、単なる自己満足には留まりません。自分の心の在り方を変えていくことができるようになりますし、自分が背負わなければならないこともしっかりと背負っていきやすくなるでしょう。

罪悪感に苦しんでいる人への関わり方

罪悪感に苦しんでいる子供や、大人たちの話を聴くことがあるかもしれません。罪悪感をもつこと自体は、人と一緒にうまくやっていこうとする力であることを伝えていただきたいと思います。罪悪感を乗り越えることができた、ご自身の体験や学びを伝えてあげることも、先に進むきっかけになるかもしれません。

ただ、**「気にしないでいいよ」と前向きになることを促すような声掛けが、逆にプレッシャーになってしまうことがあるので、気をつけてください。**

話をするときの注意点としては、相手を説得しないように気をつけましょう。相手が心から納得できていることを確めながら、一歩ずつ進むことを応援したいものです。

できるだけ相手の話を聴いてあげたいのに、ついついこちらがたくさん話をしてしまうこともあります。それに気づいたときには「この話をどう感じた？」と聴いてみるとよいでしょう。

相手が、「よかったです」「ありがとうございます」などという定型の言葉で返しているときには、すぐに安心せず、相手がきちんと納得したのか、じっくりと相手の気持ちを一緒に感じるようにしましょう。

罪悪感を感じたときに、自分に問いかけてみましょう。

・感じている罪悪感は、ほかの人が今の自分と同じ状況にいても感じるものだろうか。
・お互いさまのところもある、という考え方ができているか。
・罪悪感をまったく感じない人になりたいか。そのような人と付き合いたいか。
・罪悪感から逃れるために、過剰に自分を責めたり、相手を責めたりしていないか。
・嫌なことをしてしまった・されたときに、正しい・間違っているという白黒をつける判断になりすぎていないか。
・自分が悪かったところ、悪くなかったところはどこか。
・相手に許してもらわないといけないと、考えすぎなくてもよいのではないか。
・相手を許容しなければならないと、考えすぎなくてもよいのではないか。

事例　自分を止められない女性

宮崎さんは、三十代前半の女性です。

職場では仕事がとてもできると評価されているものの、以前、一度大きなミスをしてしまい、会社に損害をかけたことを時間がたった今でも後悔しています。上司も職場のみんなも「仕方がなかったよ」と言ってくれたのですが、それも心では受け止められず、「私がいなければよかったのではないか」と極端な考えになってしまうこともあります。その後、少し心を病んで療養休暇を取った時期もありました。

小さいころから勉強もできて、友達も多かったのですが、親との関係はしっくりいっていないところがあり、心が温まるリラックスした時間をもつことは苦手です。

最近は、仕事で力が抜けないことも多く、周りの人にもあまり弱いところを見せられないため、また休みに入るような状態になってしまうのではないかと心配になり、心理療法を求めてきたのです。

お話を聴いていくと、どこまでも頑張り続けてブレーキをかけられずに、自分に厳しくするのをやめられない様子が伝わってきました。

一方、人に対しては、時にはイラっとすることもありますが、きちんとできていないことで責めることはなく、穏やかに振る舞えているようです。

しだいに自己否定感が強くなったときには歯止めが効かなくなっていたことや衝動的になっている自分に気が付き、対策もとれるようになっていきました。人に嫌なことをされても、自分が悪いんだと極端な考えになることが多いことにも気が付きました。

そのような自分への気づきが深まる中で、人に対する怒りが強くなるなどの変化も体験し、今までとは違う気持ちの動きに戸惑うことも増えていきました。

そんな相談が進んだところでの一場面です。

宮崎：最近、仕事でイライラすることが多くなってきているんです。前はそんなに人に対してはイライラしていなかったんですけど、その人が自分でやるって言ったのに、やっていなかったりするのを見るだけで、あまり自分に関係がなくても、何でって思うぐらい強くイラっとしてしまうんです。

玉井：なるほど。以前なら、同じような場面で、このような気持ちになっていましたかね。

宮崎：忙しいから仕方ないなぁ、とかですかね。自分とのやり取りがあれば、もっと手伝えなくてごめんね、って思っていたと思いますけど。

玉井：ずいぶんと感情の出方が変化してきましたね。今の感情は、少し強すぎるように感じているようですけど、自分でやります、って言った人がやっていないのは、少しイラっとするのは自然ではありますよね。

宮崎：えぇ、以前は相手にイラっとすることはなかったと思います。

玉井：それは面白いですね。相手にイラっとしないで、そのイラっとする気持ちはどこに行っていたんでしょうね。

宮崎：その気持ちがすべて自分に向いていた気がするんです。ただ今は、その外に向いた苛立《いらだ》ちのコントロールがうまくできていないんです。

玉井：前は、すべて自分に向けていたものを、今はすべて外に向けてしまうのかもしれませんね。また、苛立っているときにそれについて相手と話し合うこともしてきていないでしょうからね。少し、時間をかけて練習すればできるようになっていきますよ。

罪悪感の対処法

①スケーリング

罪悪感を感じたとき、どれくらいか罪悪感指数を0〜100点で点数をつける。自分の主観で OK。

②問題がおこったときに、「全部自分が悪いわけではない」という姿勢で見直す

白黒つけようとしすぎたり、人がどう感じるかなど、現実的に負うことができない責任を自らに課していないか確かめてみましょう。お互いさま、というのが良い関係を維持するコツです。

③失敗は「ごめんなさい」で終える

きちんと反省し、必要であればその意思を相手に示すことは心を軽くします。現実的にできる範囲で構わないのです。

宮崎さんは、相談を続けていく中で、振り返ってみると小さいころから人がイラっとしていると「私が悪いんだろうな」と思ってすごく気を遣ったり、おかしいと思って対立しても、最後は大体自分を責めて終わるというパターンをもっていたことに気づきました。そのパターンが大人になった今でも自分の中で働いていることに驚きつつ、「自分が悪かったところ」「自分が悪いとは言えないところ」「相手の気持ちの責任を取ることはできないこと」「罪悪感で気持ちが重く苦しくなっても、買い物などの依存的行動でごまかさないこと」などの新しい視点や行動方針を身につけていったのです。

罪悪感をまったくもたない人は、何かあるとすべて人や何かのせいにするので、心を開いて付き合うのが難しくなりがちです。一方、罪悪感が強すぎる人は、周りからすると単に便利な人になってしまっているかもしれません。

対人関係の中で「お互いさま」とうまくバランスをもち合えると、罪悪感は重たいものではなく、優しさにつながっていることを感じられると思います。それらの感情を受け止め、体験しながら適切な行動が取れるようになる、それはしばしば新しい体験の積み重ねとなり、練習を重ねることで対応の幅も広がり、心に余裕も生まれるのです。

エピローグ

７つの感情を味方に

セルフ・コンパッション

表現する・耐えるバランス

ここからは、感情と密接に関係する「思考」や「行動」について考えてみましょう。

まず、ガマンです。**ガマンすることは、抑えつけることではありません。**

車の運転に例えるなら、自分が好きなことを追求する力がアクセルを踏むことであり、ほどほどにとどめておく力、適切なガマンがブレーキを踏むことです。この本で取り上げてきた感情は、行動を促すエネルギー、つまりガソリンとも言えるでしょう。

そしてガマンすることは、車が最高性能として二百キロを出せるとしても、いつもその能力をフルに発揮するわけではなく、状況に合わせて適切なスピードにすることと同じことです。

人の気持ちは、このアクセルとブレーキをうまく踏み分ける技術とも言えます。

急発進も急ブレーキも危険です。ゆっくりと少しずつ動かす、行くときはガーンと進む、それでも必要に応じて柔軟かつ適切にブレーキを利かせ、スピードを適切に維持できるようになることは、生きるうえでとても大切です。

スピードを出したくてたまらないときもあるでしょう。そんなときには、それが許容されている場所に行って、安全にスピードレースを楽しみましょう。人は、一つの欲求をほかの欲求に置き換えることもできます。これしかダメと囚《とら》われすぎないことです。

みなさんもいろいろな感情について理解が進みつつあると思いますが、感情を見つめること自体、そのブレーキがどれぐらい適切に働いているのかを確かめる作業と言えます。

そして、結果としてのスピードを感情の強さとして確かめてみましょう。

人によってアクセルばかり踏んでしまい暴走する人もいますが、ここではガマン、つまりブレーキという側面から考えておきましょう。

ブレーキをかけやすい感情、かけすぎてしまう感情、かけていることにも気づかない感情、一切かけることができないように感じてしまう感情があります。それらに気づかないほどコントロールをしてしまっている感情についても、しっかりと理解して考えておく必要があります。

ブレーキをかけすぎてスピードが0になっているもの、つまり**抑え込みすぎた感情があ**

ると、その感情とはうまく付き合えなくなります。いざその感情が出てきたときに、驚くほど耐えられず、いつもと違う自分になってしまうのです。

普段から接しておらず、耐性をもっていないのですから、それは自然なことでしょう。

感情は、個人差が大きいものです。

大きくなりやすい感情、あまり大きくならない感情、それぞれあるでしょう。

親が怒りや悲しみなど特定の感情を激しく表すのを見て育った人は、その感情に慣れているので、自分も同じように激しく感じたり表現する傾向にあるため、そのような視点から振り返ってみるのもよいでしょう。

苦手な感情をどうコントロールするか

自分ではどうしてもコントロールできない、と感じる感情もあります。

実は、私にもかつてそのような感情がありました。理屈は分かっていても、どうしてもコントロールできるようになる気がしないのです。

しかし、その感情もあることをきっかけにコントロールできるようになりました。その感情が出てくること自体を自由にはできなくても、心に現れてきた感情に気づき、やり過ごす方法を身につけたのです。

私の場合、その感情とうまく付き合えないということは、将来にわたって子供を適切に守っていけないのではないか、という思いがありました。言い換えると、子供が大切、という強い欲求もあったのです。

その感情を抑制してブレーキをかけるという体験と、自分が大切にしたいものを大切にできる体験の二つを、完全に一致するものとして体験できたことにより、うまく進めることができたのです。

ここでは、各感情を対処方針として示してきましたが、これからその感情と向き合うため事前に考えておきたいことをリスト化してみます。

感情に対するブレーキを働かせる、というステップは、人によって多少前後したり繰り返すことがあります。

①自分がコントロールすることが苦手な感情を把握する。
②その感情をどのように捉えているのか考える。
③その感情によって、どのような行動や態度が生み出されているのかを広く観察し、理解する。
④その感情で悩むのは自分一人ではないことを理解する。
⑤その感情を何とかしようと取り組むことは、自分にとって大切だということを明確にし、肚《はら》を決めてあきらめないで、自分に対して温かい目をもとうとする。
⑥その感情がもつ意味を理解し、その感情自体が自分を苦しめようとしているわけではないことを理解する。
⑦その感情とどのように付き合っていけばよいと思えるのか、現実的に考える。
⑧自分が大切にしているものを大切に扱うために、その感情が邪魔をしていないか確かめる。
⑨明らかに過去の体験で未解決な課題を抱えており、その影響が強すぎてその感情に適切に対処する余地がないと思われる場合には、その過去についての整理を行う（この整理は、しばしば心理療法で取り上げられることが多いものです。『認知行動療法で自己肯定感を育てる　自分をもっと

好きになるノート』参照)。

⑩この一連の取り組みを、随時振り返る。

この本の初めに紹介したAさんは、怒りを感じてはいけない感情だと考えていたので、怒る自分を否定していました。Aさんは、怒りとうまく付き合えていないことを自覚し、その感情に対する捉え方(②と⑥の取り組み)を修正し、怒りの観察(③)を踏まえて、どのように対応できればよいのか(⑦)へと進んだのでした。

Bさんは「悲しみを感じるのは弱さだ」と捉え、それを感じることを怖れていました。悲しみをコントロールできていない、ということに気づき(①②)、その影響を理解していく中で(③)、悲しみがそこまでの脅威でないことを理解していき(⑥⑦)、取り組みを進めたのです。

実際の取り組みの中では、ステップを一つ一つ進めるというよりも、同時に進めたり、進んでは戻ったりしながら進むのです。

本書では、これらステップのいくつかに触れてきました。実際の感情との素直な接触は、理屈ではなく実体感を伴ったものです。思考も、生々しい感情と触れる手助けをしてくれます。

そして、理性的に検討するステップでも、感情を体験しながら調整力をつけていくステップでも、他者の援助を積極的に求めることは役立ちます。自分で自分を見つめる目には、思いのほか偏りがあり、見えなくなっているところも多いのです。

また、対話を通して生まれる理性の力を借りることもできるようになります。批判的にならずに応援してくれる人、自分が心を開ける人であればよいでしょうし、すぐに見つからなければ専門家も力になってくれます。

悩む力・葛藤する力

葛藤とは、二つの対立する考えを同時にもっており、どちらを選べばよいのか分からなくて悩んでいる状態です。対人関係における対立もその一つですね。

ここでは心のことに限って進めます。

遊びたいけど働かないといけない、などというのも葛藤です。

子供は、遊びと勉強の間で葛藤します。どちらも大切な欲求です。遊びはとても創造的な活動ですし、学びは新しい知識を得られるのですから。どちらが正しいというものではありませんが、残念ながら遊びが不利な立場になることが多いようです。

この葛藤は、感情においても生じます。遊びと仕事の場合には、楽しみと不安がその裏にあるかもしれません。

葛藤しているときに、自分がその状態に陥っていることを自覚できるのなら、よい一歩が進められています。多くの人は、葛藤していること自体にすら気がつかず、混乱していたり、感情を抑え込みすぎてしまっていたりするのです。

葛藤は、アクセルとブレーキを同時に踏んでいるようなものです。動かないけれどもタイヤがギュルギュルと回っているような状態です。しまいには疲れて、どちらからも足を離して動けなくなってしまいます。

その状態に気づいたときに、自分の中にある、相反する考え、感情や欲求について考えてみるチャンスが訪れるのです。

葛藤に気づくことがうまくなると、究極の二択をいつも自分につきつける自分の傾向から自由になり、より楽に物事の選択ができるようになっていきます。

決断する

何かを決める、決断は大切なことです。それは、何歳になっても変わりません。子供のころに、人生における大きな決断をする人も少なくありません。親の機嫌を損ねると危険だと感じながら生きてきた人は、「自分の感情は無視し、相手の感情が良くなるように振る舞う」という決断を子供の頃にしているかもしれません。同じ環境でも、別の子供は「人は信用しない」「負けたら終わり、とことん戦う」などという決断、そして生きる指針を自分に言い聞かせるようになるかもしれません。

そのような子供のころの決断は、その時代を生きのびるために必要でもあるのですが、性格の一部となり、大人になっても強く影響を及ぼし続けます。

子供のころになされた決断が、現在の生きづらさにつながっている場合には、その決断を修正し、新しい決断をする必要があります。

心理カウンセリングの中でも、過去を振り返り、過去の決断を手放し、新しい決断をして、その新しい決断に沿って生きていくように練習する人たちも少なくありません。

これまで紹介した事例でも、その取り組みの一部を見てもらったのではないかと思います。それは、本当に心の深くに迫るものなのです。

決断するということは、この道を進むと決めることであったり、そこへは進まないと決めることです。今は決断を保留するという判断もあります。

アクセルをグッと踏み込んで先に進みたい、そんな決断に近づくときに、いくつかの感情が手を貸してくれるでしょう。それは怒りかもしれませんし、不安や恐怖、楽しみかもしれません。

ここは先に進むことはやめようと、恐怖や先の楽しみなどの力を借りて、ブレーキを踏むこともあるでしょう。

決められない時間をだらだらと過ごす、これは喜びのない時間です。そのような状況に陥っている人は、自分では決めない代わりに人が決めたことに従うか、誰からも距離を置いて引きこもるしかなくなるでしょう。

決断は、自分が行う能動的なものなのです。

人に従うというのも、一つの能動的な決断として成立しますが、私は嫌だったのにそのようにさせられたと、自らを被害者的な立場に置いている場合には、選べていない状態に留まっていることになります。

苦しい状況に長く身を置いた人は、しばしば自分で選び決めるという力が弱まりがちです。そのような状態になっている人は、心の力を回復する必要があります。場合によっては、決断を急ぎすぎないことも大切です。

人によっては、自分の決断が一切反映されない環境があるのではないか、と思う人もいるでしょう。

実際に、一見そのように思える状況を生き抜いた精神科医が、V・フランクル（一九〇五～一九九七）です。

彼は、第二次世界大戦でユダヤ人としてアウシュビッツ収容所に入れられましたが、解放とともに生還しました。そして自らの体験を踏まえ、身体や行動は自分の自由にならなくても、心は自分のもの、自らの心の態度を決めることができると提唱し、ロゴセラピーという生の意味を探索する精神療法を広めました。

そうはいっても、人はときに決断に迷うものです。ときにはじっくりと時間をかけることも必要でしょう。

これが正解というものはない中で、決めることは怖いものです。

ただ、人生の過程は一つではありません。日本では、一つだけ選びそれを続けるという態度が好まれる傾向にありますが、選択はやり直すこともできます。潔さも好まれますが、したたかさも大切です。

まずは小さいことから決めて、様子を見るということもありです。

自分が納得した一歩を進めてください。

あるがままに受け止める

ここまで、人のもつ感情について述べてきました。マイナスに感じるものについて考えてもらうことが多かったので、最後にプラスの感情と態度についても触れておきたいと思います。

楽しみや喜び、愛情などですが、ここではさまざまな気持ちを大きく受け止める器として機能していると思われる、セルフ・コンパッション（self-compassion）について紹介します。近年の心理学において、セルフ・コンパッションという用語はそのままに使われ、注目されている概念なのです。

コンパッションは、さまざまな意味が重なっているように思いますが、日本語の慈悲という言葉が近いのではないでしょうか。

慈悲というと、仏教の用語だと考える人も多いでしょう。実際に、仏教では「慈」を「苦しみを取り除いてあげたい」という「抜苦」の心、「悲」を「楽しみを与えてあげたい」という「与楽」の心として、大切にされてきたものです。

セルフ・コンパッションが大切にする態度は、「あるがまま」です。

今まで触れてきたネガティブな感情が、「こうありたい」「こうあらねば」という思いに囚われた結果だとすると、**セルフ・コンパッションはそのような思いから自由になれないことも含め、「あるがまま」に受け止めるということなのです。人には、「こうあるべき」「こうありたい」と思い、つき進むことが必要な時期もあります。「こうあるべき」となってしまうこともあるがままに否定せず、受け入れていきます。**

「青い鳥」という物語があります。青い鳥を求めてチルチルとミチルがいろいろな国を旅して帰ってきて、自宅の中にいた鳥が、求めていた青い鳥だったというお話です。

青い鳥症候群といって、絶えず理想的な幸せを求め続け、現状に満足しない人たちを指した言葉もあります。

より高みをめざして求めることは悪いことではありません。

先に進むときに、「こうあるべき」という終わらない欲求に突き動かされるだけでなく、「あるがまま」という今の自分が立っている現状も受け入れていく姿勢をもつならば、丁寧にたゆみなく先に向かって進むことができるのです。

この本を手に取られたみなさんが、**感情について理解し、対処していくときに、「こうあるべき」にならないように注意してほしいと思います。**しっかりと学び、実践をしていこうとする知的な取り組みは役に立ちますし、みなさんもそれを理解しているからこそ、この本を手に取っていただいたのかとも思うのです。セルフ・コンパッションという「あるがまま」でよいという心の姿勢は、その取り組みを大きく温かく包んでくれるものです。

セルフ・コンパッションの心の姿勢は、泣いたり怒ったり、心配や不安でいっぱいなとき、つまり、さまざまな感情に対しても、温かく見守ってくれる母性的なものであるとも感じています。子供がいろいろな気持ちになっているのを受け止めてくれるのは、しばしば母性的存在なのですから。

人は、それを「愛」と呼ぶかもしれません。

これまで触れてきた、怒り、不安、恐怖、悲しみ、抑うつ、寂しさ、罪悪感、そのような感情によって、私たちの自由を制限されていることもあるでしょう。

しかし、それらは必ずしもネガティブなものではなく、自由を奪うものでもないということを理解していただいたと思います。そのようなゆったりとした学びが、セルフ・コンパッションへの道を開いてくれるのです。

さて、感情について書いてきたこの本もここで終わりとなります。最後まで読んでいただきありがとうございました。

感情は、私たちの生命活動にも大きく寄与しています。思い通りにはなりませんが、仲良くなることはできます。性格だからとあきらめて振り回されるのではなく、その理解を深めて十全に使いこなしていくことで、自分が生きる、そして人とつながる喜びを探求していきましょう。ともにその歩みを進める仲間が増えることを楽しみにしています。

◆著者略歴

玉井 仁（たまい・ひとし）

博士（学術）、臨床心理士、公認心理師、精神保健福祉士。

東京メンタルヘルス・カウンセリングセンター長。玉井心理研究室も主宰している。

ロンドン大学ユニバーシティ・カレッジ・ロンドン卒業。ＮＰＯ法人青少年自立援助センターの創設スタッフとして勤務後、臨床心理学を修める。公立の教育センターにて相談員として勤務の後、ＣＩＡＰ（嗜癖問題臨床研究所）付属相談室相談員、ＩＦＦ(家族機能研究所)セラピスト・相談室室長を歴任、精神科クリニックにおいて心理援助に従事し、実績を積む。認知行動療法を中心に、感情・衝動・心の深い変容についての個人・組織支援の傍ら、研究も継続的に発表している。

著書に『マンガでやさしくわかる認知行動療法』『認知行動療法で自己肯定感を育てる 自分をもっと好きになるノート』『認知行動療法で周囲の気持ちがわかる自分になる』(日本能率協会マネジメントセンター)『自分に「いいね！」ができるようになる本』（清流出版）などがある。

7つの感情 知るだけでラクになる

令和5年3月1日　初版第1刷発行
令和6年8月5日　第4刷発行

著　者　玉井　仁
発　行　公益財団法人モラロジー道徳教育財団
〒277-8654　千葉県柏市光ヶ丘2-1-1
電話 04-7173-3155
https://www.moralogy.jp
発　売　学校法人廣池学園事業部
〒277-8686　千葉県柏市光ヶ丘2-1-1
電話 04-7173-3158
印　刷　精文堂印刷株式会社

ISBN978-4-89639-286-9